Don de l'auteur

H. DE COINCY
INSPECTEUR DES EAUX ET FORÊTS

Jean de Laclède

(1728-1813)

Maître Particulier des Eaux et Forêts

A PAU

TARBES
IMPRIMERIE LESBORDES
8 — rue Péré — 8

1926

JEAN DE LACLÈDE

MAITRE PARTICULIER DES EAUX ET FORÊTS

A PAU

Jean de Laclède est né à Bedous, dans la vallée d'Aspe, le 26 janvier 1728 (1), de Pierre de Laclède, avocat au Parlement de Navarre, et de Magdeleine d'Espoeys d'Arance. L'origine de sa famille est fort ancienne; c'est ainsi que nous voyons l'énumération des biens des Laclède dans un dénombrement des terres de Bedous de 1385 : ils possédaient notamment l'ostau de Doat d'Angousture, l'ostau de Margarite d'Angousture, l'ostau de Goalhardine de Cazenave (ostau = maison). Et le nom de Laclède se retrouve à tout instant dans les Archives municipales de Bedous et dans les Archives départementales des Basses-Pyrénées. C'est au vu de ces Archives et des documents généalogiques recueillis par MM. de Dufau de Maluquer et de Lailhacar, que nous avons établi l'arbre généalogique de cette famille, qui figure aux annexes du présent travail, en bornant nos recherches à la fin du XVIe siècle.

Le père de Jean de Laclède était, comme il vient d'être dit, avocat au Parlement de Navarre; son grand-père était notaire et syndic d'Aspe, et de père en fils, mais depuis une époque que nous avons pu préciser, le chef de la famille était abbé laïque d'Aydius et d'Osse et percevait un quart de la dîme d'Aydius et un sixième de la dîme d'Osse (2). Le privilège de l'abbé laïque était le droit de patronage et de présentation

(1) Archives des Basses-Pyrénées, B. 4002, in lettres de provision de Maître particulier des Eaux et Forêts, et Arch. Etat Civil de Bedous : « Le vingt et six janvier 1728 a esté baptisé Jean, fils du sieur Pierre de Laclède et de demoiselle Magdeleine Despoey Arance, son épouse; les parrins ont été noble Jean Pierre Lassale et demoiselle Susane d'Arance, par moy (signé) : Gabe, curé; Darence; Lasalle Domecq. »

(2) Arch. B.-P., B. 5762.

à la cure et celui de percevoir, selon les pays et les usages, une partie des dîmes de la paroisse (1).

C'est grâce aux efforts de Jean de Laclède, son grand-père, syndic d'Aspe (2), que les Aspois, nous dit M. Barberen (3), obtinrent, le 9 juillet 1692, la décharge de l'arpentement ordonné dans le reste du royaume pour établir l'assiette de l'impôt foncier, le Roi les tenant quittes en vertu de leurs privilèges, moyennant le tribut annuel de 36 florins et les fiefs imposés sur les maisons Cazalères, conformément au rôle de la baylie d'Aspe du 13 décembre 1514.

Son grand-oncle, Jean-Pierre-Joseph de Laclède, était médecin; un fils de celui-ci suivit la carrière paternelle après avoir pris son diplôme de licencié à l'Ecole de Médecine d'Avignon (4) et exerça à Bayonne.

Son oncle, Jean-Joseph de Laclède (1689-1736), homme de lettres, était devenu secrétaire du maréchal de Coigny, grâce à l'influence de M. d'Argental; il écrivit une *Histoire générale du Portugal*, imprimée à Paris en 1735 et réimprimée en 1828 par MM. Fortin d'Urban et Mielle avec d'importantes modifications (5). Il fut accueilli par Voltaire, qui en parle dans ses lettres et auquel il était débiteur de 50 écus au moment de sa mort (6).

Un frère du Maître particulier des Eaux et Forêts, Pierre (Liguest) de Laclède, partit pour l'Amérique faire le commerce des fourrures à la Nouvelle-Orléans et fonda la ville de Saint-Louis-du-Missouri (7). De Laussat (8), Picamilh disent de

(1) Cf. *Dictionnaire de Trévoux*. Bénéfice. Abbé. Lai.

(2) Ce fut à lui que le duc de Gramont demanda s'il savait ce qu'étaient les mots parabole, obole et faribole. Et Laclède de répondre :

> Certes nous le savons en Aspe!
> Parabole est ce que vous ne comprenez guère;
> Faribole, ce que vous dites,
> Obole, ce que vous valez. (Asfeld, *Château de Pau*, p. 132.)

(3) *Note sur les franchises et privilèges de la vallée d'Aspe*, par Pierre Barberen. (*Revue de Béarn, Navarre et Lannes*, 1883, I, pp. 469 et 599.)

(4) Arch. B.-P., E. 994.

(5) *Biographie Michaud*. Laclède, p. 566.

(6) Voltaire, *Œuvres*, Garnier, Paris, 1880, t. XXXIII, p. 473 et t. XXXIV, pp. 4 et 31.

(7) Cf. Villiers du Terrage, *Les dernières années de la Louisiane française*. Paris, Guilmart, 1902, p. 223, note.

(8) J.-G. de Laussat, *La Société béarnaise au XVIIIe siècle*, pp. 159-166.

lui qu'il fut dévoré par les sauvages; le fait n'est pas absolument prouvé et sera sans doute éclairci par M. Abraham P. Nasatir, étudiant de l'Université de Californie, qui rassemble en ce moment les matériaux d'une histoire de la ville de Saint-Louis, où les Laclède tiendront une large place (1).

Nous avons peu de renseignements sur la jeunesse de Jean de Laclède; elle se passa à Bedous dans la propriété familiale. Puis il fit ses études à l'Université de Toulouse et vint ensuite se faire inscrire comme avocat au Parlement de Navarre ainsi que l'avait fait son père. Elu le 1er juillet 1751 membre de l'Académie des Sciences, Lettres et Arts de Pau, il y fut reçu le 13 juillet suivant. Ayant un goût très développé pour l'agronomie, il propagea en Béarn, à partir de 1755, la culture du mûrier en vue de l'éducation des vers à soie et de la fabrication des tissus de soie.

C'est le 9 mars 1763 qu'il succéda à François de Vicq comme Maître particulier des Eaux et Forêts de Béarn, Navarre et Soule, charge qu'il devait exercer jusqu'à la Révolution. En 1770, le Roi, en récompense de services rendus, lui concéda en affièvement, dans les landes du Pont Long, aux portes de Pau, l'ancienne forêt royale de l'Ousse, entièrement ruinée et marécageuse. Laclède, par des défrichements et des drainages appropriés, en fit un beau domaine, connu sous le nom de Saint-Sauveur-de-l'Ousse, qui fut malheureusement dévasté par les paysans au moment de la Révolution.

Laclède était un esprit encyclopédique tout à fait remarquable; on peut dire qu'il n'est pas de question de droit, d'économie rurale et forestière qu'il n'ait étudiée et à laquelle il n'ait fait faire des progrès. Indépendamment du traitement des forêts dont la gestion lui était confiée, il s'est particulièrement intéressé à la culture du mûrier, du peuplier, du lin, de la betterave et a fait de nombreuses communications à la Société d'agriculture du département de la Seine dont il était membre correspondant. Fin lettré, il était poète à ses heures et les compte-rendus des séances de l'Académie des Sciences, Lettres et Arts de Pau en portent la trace.

---

(1) M. Nasatir connait quatre lettres écrites par Jean de Laclède pour revendiquer la succession de son frère; cette revendication fut rejetée.

Le 4 janvier 1789, il assista à l'assemblée générale des notables, corps de ville et députés de tous ordres, tenue à Pau, en vue des Etats généraux, comme député de sa juridiction, parmi les députés des corps et classes, c'est-à-dire comme député de la vallée d'Aspe. A l'assemblée des Etats de Béarn du 21 octobre 1789 il renonça à ses privilèges (1) féodaux. Obligé de quitter Pau après 1791, il se retira dans sa propriété à Accous, fut inscrit sur la liste des suspects par le Comité de surveillance des Basses-Pyrénées, arrêté en novembre 1793 et déporté à Condom.

Après son élargissement, il paraît avoir cherché à rentrer dans les cadres, combien modifiés et affaiblis, de l'Administration des Eaux et Forêts, alors réunie aux Domaines, puis fut nommé conseiller général du canton d'Accous lors de la création des Conseils généraux (loi du 28 pluviôse an VIII), fonctions qu'il exerça jusqu'à sa mort, le 24 novembre 1813. Il avait alors près de 86 ans.

Il avait épousé, le 14 juin 1768, dans l'église Saint-Martin de Pau, Cécile de Bourbon, fille de Pierre de Bourbon, négociant de Pau, et de demoiselle Cécile Elisabeth Denhors, de Pau. Il en eut trois garçons et une fille. Le dernier des garçons, Joseph, mourut en bas-âge; le second, Pierre, était muet; l'aîné, Pierre-Armand, fut élu capitaine-commandant la première compagnie franche du canton d'Accous le 19 mai 1793 (2) pour la défense du territoire contre les Espagnols : « le 5 septembre il tomba à Lescun sur 6.000 Espagnols du prince de Castel-Franco et avec les deux compagnies franches de Lescun les mit en déroute jusqu'à la frontière et fit prisonnier le baron des Hoorts, officier des gardes wallonnes » (3).

(1) Laclède était noble, mais n'avait pas son entrée au corps de la noblesse aux Etats de Béarn. M. G. de Lailhacar dit que Laclède plaqua sur une lettre, datée de Pau le 9 octobre 1762 et adressée à M. de Hedembaigt, chez M. de la Gravère, négociant à Bayonne, le sceau suivant : elliptique, 23 millimètres sur 21, cire noire, cartouche à l'écu ovale, en forme de poire renversée : *d'azur à la fasce d'or, accompagnée en chef de trois tours rondes, ouvertes et crénelées chacune de deux pièces, et en pointe, d'un oiseau accosté de deux quintefeuilles.* Timbre : *couronne de comte;* supports : *deux aigles au vol étendu.*

(2) Arch. de M. de Lailhacar.

(3) Cf. Picamilh, *Statistique des Basses-Pyrénées;* Vignancour, *Documents sur les Basses-Pyrénées.*

Le 12 février 1795, il passa au 5e bataillon de volontaires des Basses-Pyrénées, fit ensuite campagne en Italie et en Allemagne, comme attaché à Moreau, fut fait, après de brillants faits d'armes, chevalier de la Légion d'honneur le 14 juin 1804; devenu colonel du 6e Dragons le 1er août 1808, fut tué au siège de Saragosse le 5 août.

Il s'est créé une légende singulière sur Pierre-Armand de Laclède, qui nous est rapportée par l'*Echo d'Oloron et des Basses-Pyrénées*, dans un article du 20 octobre 1899. L'auteur de l'article raconte que le capitaine Laclède fut fiancé à Marseille, en 1793, à Pauline Bonaparte, sœur de Napoléon, par le futur empereur lui-même, et qu'il serait certainement devenu son mari s'il n'était tombé mortellement frappé le 14 avril 1796 à la bataille de Millesimo. Il cite comme source un article du journal *le Patriote des Pyrénées*, lequel aurait appris le fait « d'un chroniqueur digne de crédit » et il ajoute : « S'il eût vécu, le commandant Laclède eût épousé Paolina, fut inévitablement devenu maréchal et duc, sinon même roi comme Murat, et, sous le second Empire, ses descendants eûssent certainement procuré aux Aspois tous les chemins de fer imaginables. » Cette conclusion est simplement exquise. Mais l'anecdote paraît, jusqu'à plus ample informé, purement fantaisiste.

Tout d'abord M. de Lailhacar a écrit, en tête du journal contenant l'article, cette mention : « Anecdote inexacte. »

D'autre part, nous observerons qu'en 1793 Pierre-Armand de Laclède était à Bedous et refoula les Espagnols de Lescun jusqu'à la frontière, qu'il paraît être resté dans le pays jusqu'au milieu de l'année 1795 et que le 7 prairial an III (26 mai 1795, il écrivit de Bedous à un de ses oncles, *avant de partir pour l'armée comme aide de camp*, pour lui demander de lui prêter huit louis d'or afin de pouvoir subvenir à ses dépenses, son père, ruiné par la Révolution, ne pouvant lui venir suffisamment en aide (1).

Il n'a pas été mortellement frappé à la bataille de Millesimo le 14 avril 1796, mais il a été tué au siège de Saragosse

(1) Arch. de M. de Lailhacar.

en 1808 et une poésie a même été écrite sur cet événement (1). Enfin Pauline Bonaparte est née en 1780; elle avait donc treize ans en 1793; ses fiançailles avec un officier qui avait 24 ans à l'époque n'eussent guère été possibles. On sait qu'elle fut recherchée en mariage ensuite en raison de sa beauté par plusieurs personnages, notamment le conventionnel Fréron, les généraux Duphot et Junot et qu'elle leur préféra le général Leclerc qu'elle épousa à Milan en 1801. Le hasard avait-il mis Pierre-Armand de Laclède en présence de Pauline Bonaparte après 1795, cela n'est pas impossible, mais nous l'ignorons et l'anecdote telle qu'elle a été rapportée plus haut paraît être une pure légende.

Le Maître particulier des Eaux et Forêts avait une fille, qui épousa Pierre-François Garnot, receveur des Douanes, en 1809; de cette union naquit un fils qui eut lui-même un fils mort en bas-âge et deux filles.

Le Conseil municipal de Pau, dans sa séance du 29 juillet 1897 et sur le rapport de M. Lasserre, a donné le nom de Laclède à une rue de la ville qui relie la rue Tran à la rue Bernadotte. La chose est relatée dans le *Bulletin municipal officiel de l'année* 1897, p. 110, dans les termes suivants : « L'élargissement de la rue Tran, le terre-plein, la terrasse et le petit jardin établis à son débouché sur la place Gramont, constituent une solution de continuité absolue entre la plus grande partie de la Côte de la Fontaine et le tronçon situé entre la rue Bernadotte et la rue Tran.

« Nous vous proposons de donner à ce tronçon le nom de rue Laclède.

« Le nom de Laclède rappellera le double souvenir de Jean de Laclède, Maître particulier des Eaux et Forêts, conseiller du Roi, qui fut le créateur de la magnifique forêt de Bastard, aujourd'hui bois de Pau, et l'initiateur du défrichement du Pont Long et de son fils N. de Laclède, l'un des héros de l'épopée militaire révolutionnaire et impériale; colonel de Dragons, d'une bravoure légendaire, il fut tué d'un coup de feu

---

(1) Poésie sur Laclède in *Pouésies béarnèses recoueilhades dens la vallée d'Aspe*, par Marie BLANQUE, Pau, Vignancour, 1845.

à 35 ans au siège de Saragosse. Ses exploits faisaient l'admiration de la grande armée. »

Cet exposé de motifs renferme deux petites inexactitudes : Jean de Laclède n'a pas créé la forêt de Bastard, qui existait bien avant lui sous le nom de forêt du Larron et du Barrail; il a contribué simplement à en étendre la superficie et à l'améliorer. Son fils n'est pas mort à l'âge de 35 ans; il était né en 1769 et est mort en 1808.

Nous allons, dans ce qui va suivre, étudier avec quelques détails la vie et les travaux de Jean de Laclède, qui sont trop peu connus et qui nous montreront qu'il a été un des personnages les plus remarquables du Béarn à la fin de l'Ancien régime.

Laclède et le Comte de Ségure.

Nous ne savons pas grand chose des jeunes années de Laclède. Il fit ses études de droit à Toulouse et il nous a appris qu'en même temps il s'était occupé de la culture du mûrier et de l'éducation des vers à soie pour lesquels il avait eu un goût particulier dès son enfance (1).

Mais il se lia, à Toulouse, d'une grande amitié avec le comte de Ségure Gailliay, avocat au Parlement (2). Et il existe une correspondance, courte, mais fort intéressante, qui en est le témoignage. Il s'agit de quatre lettres des 23 août et 19 septembre 1751, 9 juillet et 20 août 1752, écrites par Laclède à Ségure (3). Dans la première, nous le voyons cherchant à s'évader du barreau et de la chicane, à prendre son essor, voulant être utile à sa patrie et à ses amis. Dans la seconde, il demande incidemment à Ségure des nouvelles d'une personne de Toulouse qui lui tient à cœur et dont il est question dans les troisième et quatrième lettres. C'est la belle Arthémise, dont « le père est cruel, s'oppose à ses plaisirs » et dont Laclède aurait « souhaité d'être le berger ». Nous ignorons

(1) Arch. B.-P., C. 1303.

(2) Louis-Hector de Ségure, commandant du château de Péronne, était propriétaire dans la vallée d'Aure. Il mourut à l'Alhambra de Grenade.

(3) Arch. de M. l'abbé Marsan, à Guchen (H.-P.).

qui était la belle Arthémise; M. l'abbé Marsan n'a pu jusqu'à présent l'identifier.

Les troisième et quatrième lettres sont tout à fait curieuses parce qu'il y est question d'une satire faite par Laclède du jeu de la Comète, jeu de cartes qui faisait fureur à l'époque, satire intitulée *Le Panégyrique de la Comète* (1). « On sait, écrivait à ce propos M. l'abbé Marsan, que le jeu de la Comète fut inventé pour distraire Louis XV. Il consistait à prendre deux jeux de cartes dont on ôtait les as et il était composé de telle sorte que l'un d'eux ne comprenait que les cartes noires et l'autre les cartes rouges. On ajoutait au premier un neuf rouge et au second un neuf noir. Ces deux neuf s'appelaient les Comètes parce qu'ils figuraient primitivement deux Comètes, l'une rouge, l'autre noire. Du Palais de Versailles, ce jeu se répandit rapidement en province. En 1752, il jouissait d'une si grande vogue dans les capitales du Béarn et de la Bigorre, que Jean de Laclède composa un *Panégyrique de la Comète* dans le but de le discréditer. Imprimé à Toulouse, sous le voile de l'anonymat, cet opuscule était destiné à être répandu dans les cercles de Pau, Tarbes et Bagnères, ainsi que nous l'apprend une missive de Laclède, datée de l'Orient de Pau (2) le 9 juillet l. d. l. m. 9752 et adressée au comte Louis Hector de Ségure, avocat au Parlement de Toulouse, son ami ».

Il n'est pas sûr du tout que *le Panégyrique* ait été imprimé, puisqu'il résulte de la dernière lettre que de Ségure le retira des mains de l'imprimeur, Laclède voulant le retoucher. Il semble, par contre, que l'opuscule fût amusant et il est regrettable qu'il ne nous ait pas été conservé.

Cette correspondance, pleine de fraîcheur et d'esprit, fait allusion à la réception de Laclède à l'Académie de Pau; il y fut élu le 1er juillet 1751 et reçu le 13 juillet. Il avait 23 ans. Il y occupa une place marquante, comme nous le verrons plus

(1) Cf. *Le Panégyrique de la Comète*, par l'abbé MARSAN. (*Revue des Hautes-Pyrénées*, 1917.)

(2) Laclède était franc-maçon, mais nous ignorons s'il faisait partie de la loge de Pau; il serait assez vraisemblable de penser qu'il fut initié à Toulouse.

loin, en montrant le rôle de Laclède dans le développement de la culture du mûrier en Béarn.

C'est en effet aux soins de sa propriété de Bedous, à la culture du mûrier et du peuplier, aux plaidoiries, aux belles lettres, que Laclède se consacra avant d'acquérir la charge de Maître particulier des Eaux et Forêts où il devait faire preuve de qualités aussi solides que brillantes.

LETTRE DU 23 AOUT 1751

J'ai reçu votre lettre, mon cher Segure; j'y aurois répondu d'abord si je n'avois été absent; je voltige depuis bien du tems, voila ce qui a fait que je n'ai pu suivre mon inclination; enfin me voici fixe, je pourrai m'entretenir avec vous; les affaires, les procez me tyrannisent : je suis obligé de solliciter et de faire la cour à une troupe de juges que je ne puis souffrir par sentiment. Dès que l'inclination est gênée, l'homme est esclave; et les chaines sont paisantes, heureusement il me reste assez de philosophie pour me conformer au tems et aux circonstances; la raison doit nous fournir des réflexions et des forces que la délicatesse ne puisse détruire. Prenez patience : nous étoufferons nos hydres; la victoire sera plus glorieuse puisque nous aurons pu prendre quelque chose sur nous même. J'espère de finir bientôt ma guerre, et de sortir de mon exil, je m'ennuie, je languis, malgré les agréments que je trouve dans ce climat. Le souvenir que je suis dans ma patrie est un tyran, je travaille à quitter mes dieux pénates, je vais prendre un essor, je vais me livrer entre les bras du hasard, de l'industrie et de l'intrigue. Enfin je me flatte de n'être plus livré aux assauts de la chicane : je me jette dans les affaires politiques, j'estudie la negotiation, on me fait espérer une place; je n'ai pas du goût pour le palais. Il est honteux d'être oisif; ainsi je travaille à être utile à ma patrie et à mes amis. J'aurois eu une belle occasion pour être à la suite de Monsieur le marquis d'Ossun, ambassadeur, si j'avois été libre. J'espère pourtant d'être à suite de quelque ambassadeur; on est en même de s'avancer et de s'acréditer. Que j'aurois du plaisir de vous voir à Paris et de vivre avec vous; l'amitié est un lien prétieux. Je vous suis dévoué par penchant : accordez moy toujours votre amitié, vous verrez dans toutes les occasions combien elle me flate; il faudra tacher de nous voir à Tarbe, ou à Pau, nous prendrons nos arangements, pensez à moy, escrivez moy souvent, et entretenons nos sentiments par un comerce assidu. Je vous dirai que j'ai été reçu à l'académie des sciences de Pau ; j'y ai prononcé mon discours de remerciement : je vous donne cette nouvelle comme je sçai que vous partagez mes plaisirs et mes amertumes. Pensez vous quelque foix à Toulouse, regrettez vous le climat qui vous a fourni tant d'amusement ? Vous y avez été regretté, mais ayez la force de n'y plus penser : pour moy j'ai tout oublié : je reçois quelque lettre de mes amis, voilà tout. Adieu, mon cher Segure, croyez moy toujours votre fidèle ami jusques au tombeau et votre frère jusques à un second renversement dans le palais de S. Je suis tout à vous.

LACLÈDE.

A Pau, le 23 aoust 1751, ou à l'Orient de Pau, l'an de la m. 4-7-51 le 23 aoust.

Escrivez moy j'attents de vos nouvelles.

L'adresse est ainsi libellée :

Monsieur de Ségure
Gailliay fils, avocat en
Parlement de Toulouse, à Arreau,
dans la vallée d'Aure, par Bagnères,
Arreau, en vallée d'Aure.

×

AUTRE LETTRE
A L'ORI DE PAU, L'AN DE LA M. 4-7-51
ET SUIVANT L'AIRE VULGAIRE LE 19 SEPTEMBRE 1751.

M. t. ch. f.

J'ai reçu votre lettre avec un plaisir que mon âme seule peut sentir : continuez de grâce à me donner de vos nouvelles : vos voyages ne doivent pas vous empêcher de m'escrire. L'amitié doit triompher des obstacles, elle est assez ingénieuse pour fournir des moyens ; ainsi je me flate de recevoir souvent de vos lettres. Je suis trez sensible à la bonne opinion que vous avez de moy ; l'amitié aveugle, vous êtes suspect ; pour les sentiments je les disputerai à tout le monde quand il s'agira de vous servir. Ces qualitez du cœur sont plus estimables que celles de l'esprit. Mettez moy à l'épreuve, vous connoitrez la solidité de mon amitié ; continuez moy toujours vos sentiments ; peu d'amis sont comme vous, heureux que nous pussions vivre ensemble. Adieu, mon cher Ségure, je vous embrasse, en vous assurant que je serai vôtre fidèle ami jusques au dernier soupir. LACLÈDE. Vous irez bientot à Toulouse pour des affaires, je crains que vous n'y restiez; pour moy, j'y passerai en allant à Paris; supposé que vous soyez à Toulouse, escrivez moy. Je vous demanderai un plaisir : je suis en peine de sçavoir ce que fait une personne que vous connoissez comme moi. Je vous expliquerai l'énigme : il faut tacher, mon cher Segure, de pouvoir venir à Tarbe pendant les états; j'y serai; Monsieur le Comte de Barbazan, sénéchal de Bigorre, avec qui je vis beaucoup, veut absolument que j'y aille rester huit jours. Mon bonheur seroit parfait si je pouvois vous y embrasser.

L'adresse de cette lettre est ainsi libellée :

Monsieur de Gailliay Ségure
chez Monsieur l'Archiprêtre
à Bagnères,
par Tarbes.

X

AUTRE LETTRE (9 JUILLET 1752)

M. t. c. f.

J'ai reçu la lettre que vous m'avez fait l'honneur de m'escrire. Je suis toujours sensible aux marques d'amitié que vous me donnez Vos sentiments sont purs et vifs; je me félicite à chaque instant d'avoir un ami tel que vous; l'amitié est rare; à peine les siècles passés nous fournissent-ils quelques exemples de la force du sentiment. Je trouve en vous tout ce qui forme le nœud de l'amitié soyez persuadé que mon cœur sent assez le prix du vrai sentiment pour que vous trouviez toujours en moy un Castor ou un Pollux. Faites moy naître des occasions, vous me mettrez dans le bonheur le plus grand. Vos procez vous retiennent à Toulouse; il faut espérer que vous en sortirez triomphant. La chicane de vos adversaires ne mettra que de l'éclat à vos trophées. Je suis dans le même cas que vous, sans cela j'aurois fait mes adieux à ma patrie. J'espère pourtant que je serai bientôt libre et que je chanterai ma victoire dans la route de Paris. Je serai charmé de vous voir à Bagnères. Je pourrai y aller le mois de septembre; toutes nos dames y vont, je ne pourrai qu'y trouver des amusements, mais rien n'égalera le plaisir de vous y trouver. Je ne suis pas surpris que vous ne puissiez voir l'aimable Arthémise; son père est cruel, il s'opose à ses plaisirs; qu'il est disgracieux d'avoir un cœur dans cet état! Je la plains, l'amour est outragé. On m'a dit qu'il y avoit à Toulouse une maladie épidémique; on m'a dit même que la parque n'avoit pas épargné Monsieur Duclos, académicien. Si cela est, je vous prie de me le marquer. C'étoit un de mes bons amis, je le pleure, je le regrette et j'attents avec impatience la nouvelle de son sort.

Vous m'avez témoigné, mon cher Ségure, tant d'amitié que j'ai une confiance aveugle en vous; je voudrais vous prier de me faire un plaisir. Si vous êtes encore à Toulouse, et si vous devez y rester quelques tems, je m'ouvre à vous; on ne doit avoir rien de caché pour un ami.* Je me suis amusé à faire le panégyrique de la Comète, qui est un jeu qu'on joue comme vous savez dans tous les cercles; je voudrois le faire imprimer; ce panégyrique est court, il contient 6 pages de mon escriture; je voudrois qu'on ne sçut pas que j'en suis l'auteur; je tourne en ridicule tous les acteurs de ce jeu. C'est une critique sous le voile des éloges; les femmes y sont intéressées, je ne voudrois pas encourir leur disgrâce. Il y a encore une raison, c'est que si cette bagatelle ne réussit pas, peu m'importe, on ne connaîtra pas l'auteur. Vous êtes le seul à qui j'ai confié mon secret. Ainsi je n'ai rien à craindre. Voyez je vous prie un imprimeur qui veuille se charger de l'imprimer; je n'en demande que 16 exemplaires ou 20, vous verrez ceux que vous voudrez. Vous les mettrez dans la convintion. Vous pouvez assurer l'imprimeur que l'auteur croit que cette bagatelle réussira par la nouvauté. Le sujet est comique; les circonstances où tout le monde se trouve pourront en procurer la débite. Voici ce qui m'a engagé à composer cet ouvrage. Dans notre capitale on ne fait que jouer à la Comète; les magistrats sont continuellement occupés à jouer, les prudes à décider des coups; les femmes aimables ne pensent plus à l'amour, à la promenade, aucun cavalier ne leur plaît s'il ne sçait jouer; personne ne cultive les lettres depuis que la Comète est en vogue. Voyant tout cela j'ai composé le panégyrique de la Comète. Vous voyez dans les cercles le goût général; ainsi je peints les amusements de toutes les sociétés. Je vous envoyerai mon ouvrage dès que j'aurai reçu de vos nouvelles; je vous serai obligé de m'en dire votre sentiment en ami, et si vous le trouvez digne de l'impression, vous le remettrez. Il faudra engager l'imprimeur d'en envoyer des exemplaires à Pau, Bagnères et Tarbe. La curiosité le fera acheter; la saison des eaux le favorisera, car tout le monde joue. Je vous prie de me répondre à vôtre loisir; peut-être ne serez vous pas à Toulouse parce que le palais se ferme; en tout cas j'attents de vos nouvelles. Suposé que vous ne soyez pas à Toulouse, je m'adresserai à quelqu'un de nos amis. Monsieur Robert, imprimeur, s'en chargera peut-être; assurez luy qu'il n'y a rien dans l'ouvrage contre les mœurs et la religion. C'est seulement un badinage de l'esprit qui pourroit faire revenir les joueurs de leur aveuglement; le sens en est moral. J'attents cette grâce de vôtre part ; il me tarde de badiner nos dames et nos magistrats. Je vous escrirai la façon de leur faire parvenir l'éloge de leur divinité. Si cette brochure réussit à Toulouse, j'en serai charmé ; je ne m'y attents pas. Je ne veux pas passer pour auteur. Ce sujet m'a amusé deux matinées, et puisque je l'ai, je veux le faire courir à la garde de Dieu.

Adieu, mon cher Segure, soyez toujours persuadé que je serai votre ami jusqu'au tombeau.

LACLÈDE.

A l'orient de Pau, le 9 juillet s. d. h. m. 4. 7. 52 et suivant l'aire vulgaire...

Si vous êtes à Toulouse, marquez moy vôtre adresse pour que je vous envois en sûreté l'ouvrage.

Je vois avec plaisir que ce qu'on m'avoit dit de M. Duclos de Mirande est feaux; cela seroit public.

AUTRE LETTRE

A L'O DE PAU *le* 20 *aoust* 1752

M. t. c. f.

J'ai reçu la lettre que vous m'avez fait l'honneur de m'escrire; je suis charmé que l'imprimeur ait été dans le goût de se rétracter, je craignais beaucoup qu'il n'eut imprimé le panégyrique lorsque je vous escrivis pour vous prier de le retirer de ses mains; le hasard m'a favorisé, je m'en félicite. Je puis corriger l'ouvrage, il m'est facile de l'allonger, j'ai quelques idées qui pourront l'embellir. J'y travaillerai cette automne dans mes moments de loisir, et je pourrai le faire paroitre au commencement de l'hiver; la saison le favorisera puisque c'est le tems qu'on ouvre les scéances pupliques du jeu. Je vous en envoyerai quelques exemplaires, suposé que vous ne soyez pas à Toulouse. Je suis bien sensible à tous vos soins, soyez convaincu de ma reconnaissance; il n'y a rien que je ne fisse pour vous. Vous me faites la grâce de me dire que vous avez été satisfait de l'ouvrage; il y en auroit assez pour m'enorgueillir si je n'étois convaincu que l'amitié que vous avez pour moy ne vous eût fait illusion: on trouve toujours beau l'ouvrage de celui qu'on chérit; je vous avois prié de l'examiner avec des yeux sévères et de le corriger; personne n'est plus en état que vous de porter un jugement. Le Monsieur à qui vous avez eu la bonté de lire le panégyrique a été content; c'est sans doute la nouveauté qui luy a plu; l'idée en est singulière et si l'ouvrage étoit bien touché, je ne doute pas qu'il n'amusât un quart d'heure. En tout cas, je vais le retoucher et si je vois qu'il puisse faire fortune par les changements que j'y aurai fait, je le livrerai au public. Personne ne me connoitra. Vous êtes le seul qui connoisse le panégeriste.

La belle Arthémise a été à la campagne; j'aurois souhaité d'être son berger, nous nous serions égarés dans ces agréables bois où tout inspire l'amour. Assis sur des riants gazons je luy aurois exprimé mes sentiments et mon cœur n'auroit été content qu'après que la charmante Arthémise l'auroit accepté. Hélas! Si elle avoit été ingrate et cruelle, j'aurois gémi. L'espérance de la fléchir par la vivacité de ma tendresse m'auroit soutenu. Que je me sents flaté de la bonté que vous avez eu de luy parler de moy. Je m'estimerois fort heureux si elle pensoit à moy quelque fois. Mais comment me flater d'un bonheur pareil. Ses charmes et ses qualités luy attirent une foule d'esclaves; elle n'est occupée qu'à recevoir des hommages. L'éloignement fait des malheureux, je l'éprouve. Je le serois peut-être davantage si j'étois auprès de celle qui est digne de tous les vœux des mortels. A Dieu, mon cher Ségure, croyez moy toujours le plus fidèle de vos amis.

LACLÈDE.

Si vous voyez la charmante Arthémise, assurez luy mes respects, et dites luy que l'amour me parle souvent d'elle et que ce beau dieu se plaint de son cœur. Si elle veut je luy enverrai nos entretiens.

L'adresse est ainsi libellée :

Monsieur
Monsieur de Segure
chez Monsieur Poisson
Procureur au Parlement
Rue Regans
Toulouse.

Jean de Laclède. La Maîtrise de Pau.

L'ordonnance de 1669 sur les Eaux et Forêts tarda longtemps à recevoir son exécution dans le Béarn, soit jusqu'en 1726, époque à laquelle un arrêt royal en fixa l'application dans cette province. Cet arrêt fut complété par un autre arrêt du Conseil du 22 juin 1734 qui plaça les forêts de Béarn, Navarre et Soule dans le ressort de la Maîtrise de Tarbes. Mais le Procureur général près le Parlement de Pau fit casser les ordonnances rendues par le Grand Maître de Raymond, en exécution de cet arrêt, pour incompétence et entreprise sur l'autorité du Parlement, ce qui amena le Gouvernement à créer une Maîtrise particulière des Eaux et Forêts à Pau.

L'édit de création a été rendu à Versailles en avril 1738. La Maîtrise était créée pour la ville et pour l'étendue du Parlement de Pau, mais le Roi laissait subsister l'attribution faite le 20 juillet 1734 au juge châtelain de Licharre de la connaissance des délits du pays de Soule en qualité de gruyer royal (1).

Le Parlement de Pau, continuant son obstruction systématique, présenta des remontrances sur la création de la Maîtrise. Elles furent écartées et un arret du Conseil d'Etat, du 28 février 1741, ordonna l'exécution de l'édit d'avril 1738.

(1) Cf. Arch. B.-P., B. 4001.

Le personnel de la Maîtrise comprenait un Maître particulier, un procureur, un garde-marteau, un greffier, un receveur particulier des bois, un receveur des amendes, un garde général collecteur des amendes, un garde pour le bois royal de Larron et du Barrail (appelé plus tard bois de Bastard) et la police de la pêche et de la chasse dans la juridiction de Pau. En outre, les habitants des communautés étaient tenus de préposer un ou plusieurs gardes pour veiller à la conservation de leurs bois communaux, en vertu d'un arrêt du Conseil du 23 août 1735, qui fut rendu spécialement au sujet de la garde des bois des communautés de Palize, Joux et Chambarnoy, maîtrise de Besançon, mais fut appliqué à tout le royaume.

Le premier Maître particulier des Eaux et Forêts de Pau fut François de Vieq, avocat au Parlement de Paris, habitant Pau, paroisse Saint-Martin. Ses gages étaient de 200 livres et il recevait 40 livres pour le chauffage. Il eut plus tard un lieutenant qui recevait 48 livres de gages et 12 pour le chauffage. Le procureur de la Maîtrise touchait des émoluments moitié de ceux du Maître particulier; le greffier les mêmes émoluments que le lieutenant de la Maîtrise. Enfin le receveur des amendes touchait 300 livres.

La tâche de François de Vieq était délicate parce que le régime d'exploitation des forêts par la méthode du tire et aire (coupes réglées par contenance avec réserve de baliveaux), appliqué, en vertu de l'ordonnance de 1669, à toutes les futaies sans distinction, souleva des réclamations et des réclamations légitimes. Le tire et aire n'était pas rationnel pour les sapinières et pour les forêts de hêtre en montagne et s'il fut abandonné pour les sapinières, à la suite des réclamations formulées, il fut maintenu pour les autres futaies ce qui amena de fréquentes difficultés entre les populations et la Maîtrise des Eaux et Forêts. Celle-ci était représentée auprès des communautés par des gardes préposés par elles, mais dont les connaissances étaient rudimentaires et dont l'intégrité était parfois loin d'être au-dessus de tout soupçon (1).

François de Vieq fit arpenter et aménager nombre de forêts

---

(1) Le grand Maître de Bastard révoqua, le 15 janvier 1759, 28 gardes qui ne faisaient pas leur métier. (Arch. B.-P., B. 4002.)

de communautés de la région; dans l'ensemble ces forêts se trouvaient à ce moment dans une situation précaire, faute d'avoir été surveillées et rationnellement exploitées. Il a eu le mérite et aussi le rôle ingrat de l'organisation de la surveillance et d'une gestion régulière dans un pays où, par suite de coutumes fort anciennes, les forêts des communautés étaient administrées un peu au hasard, beaucoup plus au gré des intérêts particuliers que de l'intérêt collectif. Leur importance était ignorée des populations pour lesquelles l'élève du bétail passait avant tout le reste. L'opposition que François de Vicq rencontra, tant auprès des populations que des Etats de Béarn et du Parlement de Navarre fut, on peut le dire, chronique. Mais elle fut particulièrement vive à partir de 1749. En 1749, en effet, les syndics des Etats adressèrent au Roi des remontrances pour demander la suppression des aménagements, le maintien de la juridiction ordinaire des jurats, la décharge des peines pour le passé (1). Ces remontrances se basèrent sur le réglement élaboré par les commissaires réformateurs de Froidour et de Sève en juillet 1673, réglement d'après lequel l'ordonnance de 1669 ne pourrait être suivie en Béarn dans plusieurs de ses dispositions, et qui fut approuvé par arrêt du Conseil du Roi du 17 juillet 1677 ce qui aurait « dispensé la province de l'exécution de l'ordonnance de 1669. » Elles invoquaient aussi une seconde visite des bois du Béarn, faite en 1686 par de la Boulaye, autre commissaire député, et qui aboutit aux mêmes conclusions. (Le texte dit : « qui eut le même succès ».)

Les Etats attribuaient à ces remontrances une telle importance qu'ils députèrent à Paris M. de Domec, essayeur de la Monnaie de Pau, pour suivre l'affaire. Et les Archives (2) contiennent sur la mission de M. de Domec des détails d'une inexprimable saveur. On y voit, par exemple, qu'en 1752, il a obtenu la protection du maréchal de Noailles, qui a un grand poids au Conseil; que les Etats lui ont envoyé 6.000 livres destinées à appuyer les remontrances relatives à la suppression

(1) Arch. B.-P., C. n° 1293, imp.

(2) *Ibid.*, C. n° 1294, et Jolly, *Une négociation à la Cour au XVIIIe siècle.* (*Revue des Pyrénées*, 1909.)

de la Maîtrise; que le séjour à Paris est fort coûteux; qu'il a fait remettre le vin envoyé par la province à M. de Laporte, premier commis du Ministre, qui l'a reçu avec plaisir et qu'il est excellent; que 200 bouteilles seraient nécessaires pour obtenir la protection du premier secrétaire du contrôleur général; que ces 200 bouteilles ont été envoyées, moitié blanc, moitié rouge, et remises à M. de Laporte; qu'il n'a pas donné à celui-ci de jambons parce qu'il en a à revendre; que la duchesse de Gramont, qu'il a vue, s'est récriée sur l'importunité de la province, mais qu'elle a cependant promis d'agir auprès des ministres; qu'il a frappé à une porte plus puissante, mais qu'on demande 12.000 livres, etc. L'état des dépenses faites par Domec montre qu'il a offert nombre de repas et de bouteilles de vin à diverses personnes; qu'il a donné 120 livres d'étrennes à un valet de chambre pour le bien de l'affaire, 48 livres à la femme de chambre d'une personne à ménager pour solliciter sa maîtresse etc. Tout est admirable dans ces tentatives de corruption; mais le plus drôle est certainement que les Etats aient choisi pour tenir le rôle un essayeur de la monnaie.

Les résultats de toutes ces démarches ne furent pas ceux que la manière dont elles étaient appuyées pouvait faire espérer. Les remontrances restèrent longtemps soumises à l'examen. Aussi en 1756 (1), quatre ans après la mission Domec, les syndics envoient encore douze beaux jambons et deux barils de cuisses d'oie à M. Lapierre, premier commis de M. de Meras, conseiller d'Etat, pour services rendus à l'occasion des remontrances faites par les Etats sur les Eaux et Forêts. Et cela devait durer encore. Néanmoins, dès l'année précédente, le 24 avril 1755 (2), les commissaires des Etats de Béarn, sur la matière des Eaux et Forêts, organisèrent une vaste enquête dans les communautés pour recueillir toutes les plaintes contre la Maîtrise. C'est ainsi que nous voyons les sieurs Dargent (Jean-Louis), et Dufour fils chargés de se transporter dans les communautés dont les forêts ont été aménagées et dont les habitants ont reçu des griefs de la part de la Maîtrise à l'oc-

---

(1) Arch. B.-P., C. 1467.
(2) *Ibid.*, C. 1295.

casion des procès-verbaux d'aménagement, de leur exécution et autres opérations.

Dargent alla enquêter à Oloron, Ogeu, Géronce, Gurmençon, Sainte-Marie, Presilhon; de nouveau à Gurmençon, Arros, Asasp, Agnos, Issor, Ance, Berdets; de nouveau à Sainte-Marie, Ledeuix, Poey, Josbaig, Navarrenx, Gurs, Susmiou; de nouveau à Josbaig, Angous, Sus, Bererenx, Montfort, Castetnau, Villenave, Araux; de nouveau à Navarrenx, Lacq, Préchac, Ogenne, Lamidou, Dognen, Araujuzon, Ossenx, Audaux, Bugnen, Jasses, Méritens, Rivehaute, Labastide-Villefranche, Berenx, Montestruc, Castetarbe, Mourenx, Os, Lagor, Noguères, Pardies, Lahourcade, Parbaïse, Monein, Abos.

Dufour alla de son côté à Jurançon, Gélos, Meillon, Bordes Boeil, Angaïs, Beustes, Lagos, Bordères, Bénéjacq, Coarraze, Buros, Montardon, Serres, Sauvagnon, Baliros, Pardies, Mazerolles, Uzan, Hagetaubin, Garos, Larreule, Momas, Aubin, Arbus, Lescar (Barnabites), Arros, Artigueloutan, Pontacq.

Les deux délégués recueillirent toutes les plaintes touchant l'exécution des aménagements sur le terrain, les amendes pour non-observation de l'ordre des coupes, le bétail « qui ne peut pas ne pas entrer dans les coupes qu'on ne peut clore », les frais de vacation des aménagements, etc.

Les résultats de cette enquête venaient en somme à l'appui d'un projet de suppression de la Maîtrise établi par les Etats en 1753 avec indication de la manière dont ils concevaient la gestion des Forêts.

Malgré la séduction opérée par les jambons, les cuisses d'oie et autres pots de vin, ces tentatives de démolition de la Maîtrise n'aboutirent pas.

François de Vicq resta en fonctions comme Maître particulier jusqu'en 1763 et fut remplacé par Jean de Laclède auxquelles des lettres de provision furent accordées le 9 mars 1763 (1). Chose curieuse, on voit, dans ces lettres, que François de Vicq fit opposition à ce qu'elles fussent octroyées à Laclède et qu'il mourut pendant cette instance qui fut reprise, mais sans succès, par le tuteur de Jean Tigelot, héritier par bénéfice d'inventaire de François de Vicq. L'arrêt de

(1) Arch. B.-P., B. 4002.

réception de M. de Laclède au Parlement de Navarre est du 1er juin 1763, il fut installé le 3 juin suivant : les détails de cette installation nous ont été conservés dans un procès-verbal annexé à l'arrêt de réception et sont tout à fait curieux.

« L'an mil sept cent soixante trois et le trois juin à trois heures de relevée, nous, Tristan de Carrère, conseiller du Roy en la cour, commissaire député par arrêt du premier de ce mois pour installer le Sr Jean de Laclède, M[e] particulier de la Chambre des Eaux et Forêts de la présente ville, nous sommes transporté, accompagné de Castaing, greffier en la cour, du sieur de Laclède, précédé par Lamarque, huissier, qui se sont rendus dans nostre hotel ainsi que plusieurs procureurs, où nous avons pris les placets qui devoient être portés à l'audience de ce jour; arrivés au haut des degrés servant à monter pour aller à la salle de la Chancellerie où les officiers de la Maîtrise rendent leurs jugements, nous y avons été reçus par le lieutenant de la Maîtrise, le procureur du Roy, greffier et huissiers dud. siège : Arrivé à la d. salle nous avons siégé sur un fauteuil qu'on nous a dit être destiné pour le siège du Grand Maître et en son absence pour le Maître particulier, ayant fait placer led. s[r] de Laclède sur une chèze à notre gauche, le lieutenant et le procureur du Roy de la Maîtrise ayant siégé à leurs places ordinaires : après quoy il a été récité plusieurs placets, nous avons écouté les procureurs et rendu nos jugements. Ce fait nous avons levé la séance et pris le d. sieur de Laclède par la main droite, nous l'avons fait siéger sur led. fauteuil. Moyennant ce il a été mis et installé en la pocession dud. office, ce fait les d. sieurs de Laclède, de Laborde lieutenant et procureur du Roy nous ont accompagné jusqu'à la porte de l'auditoire et nous nous sommes retiré avec le greffier et huissier : arrivé dans notre hôtel nous y avons trouvé led. s[r] de Laclède qui nous a remercié, de quoy et du tout nous avons dressé le présent procès-verbal. Signé : Carrère, Castaing greffier. Receu pour les droits réservés trente six sols. A Pau le 23 juin 1763 signé : Labat, Loco barret solvit au greffe une livre trois sols pour les deux tiers et deux sols pour livre. A Pau le 23 juin 1763 Signé : Lacour. Collationné sur l'original déposé au greffe par moy greffier soussigné. « Signé Castaing, greffier. »

Ces formalités d'installation ne sont pas sans nous paraître un peu singulières dans leur solennité, parce qu'à notre épo-

que les questions de forme et de préséance n'ont plus forcément l'importance qu'elles avaient autrefois. On trouve encore aujourd'hui, cependant, des formalités du même ordre dans certains cas d'installation de fonctionnaires ou d'autorités ecclésiastiques.

A la différence de nombre de forestiers de l'Ancien régime, qui n'avaient guère de connaissances techniques en achetant leur charge, Laclède était non seulement un bon juriste, mais un agronome distingué, comme on le verra par la suite, et il était très versé dans l'économie forestière telle qu'on la comprenait de son temps. En plus, il était Aspois et fort au courant, par conséquent, de l'économie montagnarde. Aussi, quelques mois seulement après son entrée en charge, publiait-il, successivement quatre ordonnances qui témoignent d'une connaissance approfondie de la situation forestière du pays et du service.

La première (1), du 8 février 1764, concerne les formes qui doivent être observées par les gardes dans leurs procès-verbaux; elle reproduit les dispositions de l'ordonnance de 1669 et sa rédaction est d'une précision remarquable.

La seconde est du 8 mars 1764 (2). Il est fait, dans son préambule, les constatations suivantes :

Malgré les lois on charme et on brûle les arbres, on enlève leur écorce, on met le feu aux landes, bruyères et bois pour les défricher et faire venir de l'herbe pour le bétail, et ce, en tous temps, principalement par vents du sud; les pasteurs, pendant l'hiver, font de grands feux contre les vieilles souches ou contre des arbres sains et souvent même au milieu des bruyères sans les éteindre; les charbonniers placent leurs fosses à charbon dans les endroits les plus peuplés de bois et les allument même à l'époque la plus chaude de l'année. — On défriche, alors qu'on a besoin des bois pour la marine et que la consommation générale augmente à cause du luxe et des manufactures, alors qu'il y a suffisamment de terres vagues pour être mises en valeur pour l'agriculture. — Le traitement en haut taillis est très préjudiciable. — Les proprié-

(1) Arch. B.-P., B. 4002.
(2) *Ibid.*

taires coupent leurs futaies et baliveaux sur taillis sans en faire la déclaration préalable à la Maîtrise de sorte que les commissaires de la Marine ne peuvent les voir. Le service de la Marine donne aux communautés et particuliers l'autorisation de couper leurs bois lorsqu'il juge que ceux-ci ne peuvent convenir aux Arsenaux, alors que cette autorisation n'est pas de son ressort, mais de celui des Eaux et Forêts (1).

Tous ces abus furent réglementés par l'ordonnance du 8 mars 1764, qui défendit notamment à tous propriétaires de bois de faire du haut-taillis sauf pour les arbres épars ou les arbres de haies, aux officiers de la Marine de donner des permissions de coupe, etc.

La troisième ordonnance est du 23 mars 1764 (2), elle a trait à nouveau aux formalités des procès-verbaux, affirmation et signification. L'instruction du personnel subalterne, nommé par les communautés, et généralement dépourvu de connaissances suffisantes, préoccupait, à juste titre, au plus haut point, le Maître particulier. Il faut se rappeler incidemment que la nomination des gardes par une communauté se faisait en assemblée générale de la communauté, réunie au son de la cloche dans la maison commune, et procès-verbal de la réunion était adressé à la Maîtrise.

La quatrième ordonnance, rendue par Laclède en 1764 (3) est du 18 septembre. Elle a trait aux exploitations et aux mesures de police dans les bois des ecclésiastiques et gens de mainmorte, des communautés d'habitants des villes et des paroisses, des seigneurs et particuliers. Elle est extrêmement importante, tout en n'innovant rien et ratifiant simplement les principales dispositions de l'ordonnance du mois d'août 1669. Elle est divisée en 30 articles dont la substance est la suivante :

1° *Bois des ecclésiastiques et gens de mainmorte.* — Interdiction de couper sans autorisation aucun arbre de futaie ou

(1) Il y a eu des frictions continuelles dans les Pyrénées sous l'Ancien régime entre le service de la Marine, chargé de recruter les bois pour les arsenaux, et le service des Eaux et Forêts.

(2) Arch. B.-P., B. 4002.

(3) *Ibid.*

baliveau sur taillis; de les élaguer ou étêter; de toucher au quart en réserve; d'outrepasser les coupes; d'introduire le bétail dans les recrus; obligation de réserver 25 baliveaux par arpent; de couper les bois dans la deuxième quinzaine d'avril; de couper rez-terre; d'abattre sans endommager les réserves à peine de dommages-intérêts; de couper les cépées à la cognée; de ravaler les souches le plus près de terre possible; confiscation des bois gisants dans les coupes après l'expiration du délai de vidange; interdiction aux détenteurs de défricher, de vendre ou d'accenser leurs bois; obligation de préposer des gardes pour la surveillance.

2° *Bois des communautés.* — Les maire, consuls et syndics se conformeront à ce qui vient d'être dit pour les bois des ecclésiastiques. L'assiette des coupes ordinaires sera faite par les maire et consuls en présence du syndic et de deux députés de la paroisse. L'arpenteur de la Maîtrise procèdera au récolement six semaines au plus après l'expiration du délai de vidange. Les coupes seront faites à tire et aire par gens entendus choisis aux frais de la communauté; le partage des arbres sur pied est interdit. S'il y a lieu à vente, elle sera faite par voie d'adjudication comme dans les bois du Roi. Le syndic ou un notable sera chargé de recevoir les restitutions et dommages-intérêts dus à la communauté. Les communautés doivent préposer le nombre de gardes nécessaires pour la surveillance et les faire recevoir à la Maîtrise. Les maire et consuls n'ont pas à connaître des délits.

3° *Bois des seigneurs et des particuliers.* — Les taillis doivent être coupés à 10 ans au moins avec réserve de 16 baliveaux par arpent. Réserve de 10 baliveaux dans les ventes ordinaires de futaie. Interdiction d'exploiter les bois en haut taillis, sauf les arbres épars ou les arbres de haies; de couper aucun arbre de futaie sans déclaration préalable à la Maîtrise et autorisation. Interdiction au personnel de la Marine de marquer autrement qu'en se conformant au titre 21 de l'ordonnance d'août 1669 et à l'arrêt du Conseil du 21 septembre 1700 et de donner des autorisations de coupes dans les bois. Interdiction à tous propriétaires de faire couper des bois réservés par la Marine. Interdiction de couper en temps de sève; de charmer ou d'écorcer sur pied. Obligation de mettre les fours à chaux et les fosses à charbon dans les endroits les plus vides. Interdiction d'envoyer les bestiaux dans les bois de moins de six ans et de procéder à des défrichements. Interdiction d'allumer du feu en forêt, dans les landes et bruyères. Les particuliers ne pourront faire des incinérations dans les landes et bruyères que du 15 mars au 15 mai et les dimanches et fêtes seulement du consentement des paroissiens assemblés. Les gardes doivent veiller à l'exécution de l'ordonnance et les autorités doivent leur prêter main-forte.

Cette ordonnance, on le voit, est très détaillée et règle la plupart des questions du service de gestion; elle ne fait, par contre, aucune mention des aménagements. C'est que le régime de ceux-ci, à la suite des fameuses réclamations formulées par les Etats en 1750 et appuyées comme l'on sait, avait enfin été l'objet de modifications toutes récentes fixées par un arrêt du Conseil du 27 mars 1764, en vingt articles, suivi de lettres patentes du Roi du 11 avril 1764. Nous ne pourrions présenter une meilleure analyse de cet arrêt, que celle qui en a été donnée par M. Pierre Baffault, dans son étude sur le *Régime forestier de* 1669 *en Béarn* (1) et nous la reproduisons telle quelle.

« Les vacants réunis aux bois par les précédents amenagements en seront distraits et les bois réduits à leur véritable contenance; — « dans les bois venus de semence » on réservera le quart et le reste sera divisé en coupes ordinaires à l'âge de 25 ans; — pour « les bois plantés à la main ils seront divisés en 80 coupes pour être exploités sans réserve de quarts ni de baliveaux à moins qu'ils ne soient plus grands que 300 arpents, auquel cas on en réservera le dixième où il ne sera fait de coupe que sur arrêt et lettres patentes spéciales (art. 4 du titre XXIV de l'ordonnance); — annuellement, avant le 15 mars de l'année suivant l'exploitation de ces bois plantés, les jurats devront, sous leur responsabilité privée, faire planter de jeunes arbres à 15 pieds de distance et armés d'épines et envoyer le procès-verbal de la plantation à la Maîtrise avant

(1) Cf. *Revue des Eaux et Forêts*, 1900, pp. 513-525, et Arch. B.-P., B. 4002.

le 15 avril, sous peine de 50 livres d'amende; — lors de ces plantations on devra remplacer les arbres qui auraient péri dans les coupes précédentes; — il sera établi, dans chaque communauté ayant des bois plantés, des pépinières pour les dites plantations (chêne, hêtre ou autre) et les plants ne seront pas replantés passé l'âge de 8 ans; — les vides dans les bois seront repeuplés, par semis dans les taillis, par plantation dans les bois plantés; — les communautés, qui n'ont que des bouquets de bois épars, pourront les soustraire à ces aménagements, sous condition de reboiser une égale surface de vacants d'un seul tenant qui sera ensuite aménagée; — les communautés qui n'ont point de bois repeupleront de leurs vacants la surface jugée utile par le Grand Maître et les jurats; — les sapinières seront divisées en 40 coupes annuelles où l'on réservera les sapins de 2 pieds de tour et au-dessous et ceux marqués par la Marine; les jurats feront annuellement la marque des sapins à abattre et le récolement de la coupe usée, à peine de 50 livres d'amende; — les forêts de hêtre de montagne seront divisées en 40 coupes annuelles sous la réserve de 25 baliveaux par arpent, mêmes obligations pour les jurats; — les Etats généraux nommeront des commissaires pour faire, avec les officiers de la Maîtrise, les révisions d'aménagement; — les communautés devront avoir des gardes forestiers à leurs gages qui affirmeront leurs procès-verbaux devant les jurats s'ils sont à plus de 4 lieues de la Maîtrise, sinon devant la Maîtrise qui doit, en tout cas, recevoir les procès-verbaux dans la huitaine; — défense de pâturer dans les taillis et pépinières non déclarés défensables. »

Il ne fut apporté aucune modification à cette réglementation des aménagements jusqu'à la Révolution, sauf sur certains points de détail. (Division en 40 coupes biennales des bois plantés ou des bouquets de bois épars de moins de 100 arpents, sans réserve de baliveaux (1).)

L'arrêt du 27 mars 1764 donnait satisfaction à la plupart des réclamations formulées par les Etats en 1750, sauf pour les forêts de hêtre de montagne, qui continuèrent à être aménagées en taillis à la révolution de 40 ans.

Il n'y eut, pendant quelques années, aucune difficulté entre

(1) Arch. B.-P., B. 4002, et P. Buffault, *loc. cit.*

les Etats et de Laclède et il ne semble pas qu'il y en ait jamais eu entre le Parlement et lui.

La plupart des aménagements faits par de Vicq furent révisés par Laclède ou ses auxiliaires. Parmi ceux que refit le Maître particulier, il en reste un petit nombre aux Archives départementales des Basses-Pyrénées :

Aménagement du bois d'Argelos (1771), Série E. 2164, avec plan E. 2165.

Aménagement du bois de Denguin, Série E. 2228, avec plan E. 2229.

Aménagement du bois de Lahourcade, Série E. 2264, avec plan E. 2265.

Aménagement du bois de Lalonquette, Série E. 2266, avec plan E. 2267.

Aménagement du bois de Morlanne, Série E. 2315, avec plan E. 2316 et 2317.

Aménagement du bois d'Uzan, Série E 2398

Aménagement du bois de Vignes, Série E. 2401, avec plan E. 2400.

On retrouve aussi dans cette série E quelques procès-verbaux de visites de bois faites par Laclède : visite du bois d'Artigueloutan (E. 2167); de Lagor (E. 2309); du Faget d'Oloron (E. 2330). Nous donnons en annexe la copie du procès-verbal d'aménagement de la forêt de Lahourcade (1771).

L'aménagement primitif de Lahourcade fait en 1748 (taillis à 25 ans avec baliveaux) avait été précisément, en 1758, l'objet de réclamations très vives de la part des Etats : ils avaient demandé que la forêt fut traitée en jardinage suivi de repeuplements artificiels. Le nouvel aménagement, traitement en futaie à la révolution de 80 ans par tire et aire suivi de plantation, était évidemment supérieur au précédent, mais il s'en fallait que ces aménagements par la methode du tire et aire, convinssent réellement aux forêts auxquelles on les appliquait. Il est vrai qu'au XVIIIe siècle « nos futaies et nos taillis sous futaie exploités à tire et aire étaient en fait aménagés virtuellement ou même, pour un certain nombre de forêts, effectivement sur le terrain; mais la culture des bois, qui a pour objet de conformer les exploitations aux conditions naturelles du développement de la forêt, la sylviculture, à vrai dire, n'existait pas encore. Ainsi l'éclaircie était chose inconnue, même de nom (1). »

Les Archives de la Maîtrise (Série B) aux Archives départementales sont incomplètes depuis l'incendie de 1908. Cependant les registres conservés (B. 4001, 4002, 4003 et 4004) donnent les mutations du personnel et le texte des ordonnances enregistrées jusqu'en 1790, tandis que les dossiers B. 4005 à 4190 sont des présentations de procédures devant la Maîtrise, des sentences rendues, des informations et enquêtes faites par elle pour nombre de communautés et nombre de questions de pêche.

On trouvera copie en annexe d'une ordonnance assez curieuse rendue par Laclède pour faire exécuter le 16 septembre 1766 une battue aux loups, renards, blaireaux, loutres et autres animaux nuisibles dans le Pont Long et sur les terres attenantes (2). La mise en mouvement le même jour des habitants et chasseurs de toutes les paroisses depuis Bougarber jusqu'à Soumoulou en faisant « un bruit bruyant par le son des timbales, tambours, cors de chasse, trompettes et cresselles » ne devait pas le céder en intérêt aux chasses au renard de notre époque dans cette région. On remarquera dans cette ordonnance que la forêt royale du Larron et Barrail devait être le point de réunion de tous les chasseurs; il s'agit de la forêt domaniale actuelle de Bastard.

Ceci amène à montrer en quoi il a pu être inexact de dire que Laclède était le créateur du bois de Bastard. Le bois de Larron existe de temps immémorial. Dans le cartulaire de Pau, dit Livre Rouge (3), on trouve une sentence de la Cour majour concernant les droits de la ville de Pau sur le bois de Larron. Le Barrail était une petite partie du massif, d'une surface de 20 arpents (4) alors que le tout, longtemps désigné sous le nom de forêt royale de Larron et du Barrail, avait en

(1) Ch. Broilliard. *Une catachrèse forestière.* (*Revue des Eaux et Forêts,* 1900, p. 577.)

(2) Arch. B.-P., B. 4002, pp. 92 et suiv.

(3) *Ibid.*, E. supplément, AA.

(4) Mairie de Pau. Archives Pont Long, Ch. I, carton 1, dossier 12, pièce 1.

1778 une surface de 490 arpents 38 perches (1), y compris des landes acquises de M. de Lauga par voie d'échange en 1776 (2). En 1778 Laclède fit décider que l'augmentation de la surface de la forêt était nécessaire par incorporation d'une étendue contigüe de 154 arpents 18 perches en nature de landes appartenant à la vallée d'Ossau et dont la vallée fit donation au Roi. Cette incorporation fut prononcée par un arrêt du Conseil du 1er décembre 1778 (3). La vallée d'Ossau donna son adhésion à cet arrêt en faisant don de ce territoire et en faisant proclamer ses droits de propriété par délibération du 10 avril 1779, et acte de cette adhésion fut pris dans un arrêt du Conseil du 19 décembre 1782 (4). Nous aurons à y revenir.

Notons en passant que c'est l'arrêt du 1er décembre 1778 qui donna à la forêt le nom de Bastard (5). Il y est dit que Sa Majesté désirant donner au Grand Maître (François Dominique de Bastard, Grand Maître des Eaux et Forêts de Guyenne à Bordeaux) des marques de la satisfaction qu'elle a de ses services, a ordonné et ordonne que les bois de Larron et Barail ne seront à l'avenir dénommés que sous le nom de forêt de Bastard.

Un programme de plantation des terrains réunis à la forêt fut tracé par Laclède; l'arrêt de 1778 le sanctionna. Laclède travailla à son exécution; mais les dévastations commises pendant la Révolution vinrent tout arrêter Et les terrains réunis à la forêt furent pendant longtemps à l'état de lande. C'est ce qui résulte de notes, sans date, mais postérieures d'après le texte, à 1808, et datant certainement de la Restauration, qui se trouvent dans les Archives de la Conservation des Eaux et Forêts. Il y est dit que la contenance totale de la forêt royale appelée Bastard, y compris le terrain qui y a été réuni, est d'après les arpentements faits d'environ 580 arpents, mesure dite arpent royal de France de cent perches, chaque perche

(1) Arch. B.-P., B. 4003, pp. 171-174.

(2) Cf. Archives Conservation des Eaux et Forêts de Pau, aménagement de la forêt de Bastard. — M. de Lauga, seigneur de Montardon, était conseiller au Parlement.

(3) Arch. B.-P., B. 4003, pp. 171-174.

(4) Arch. B.-P., B. 4003, p. 276.

(5) Arch. B.-P., B. 4003, pp. 171-174.

contenant 484 pieds carrés, représentant en mesure métrique 296 hectares; qu'elle a essuyé plusieurs incendies pendant la Révolution, outre les dévastations des délinquants et la dent du bétail qui firent périr quantité de souches...; qu'outre ces parties susdites il y a encore le *terrain provenant de l'échange fait avec M. de Lauga*, qui est aussi en entier en nature de tuye, de même que le *terrain qui y a été réuni au nord* qui est en nature de lande en tuye et fougerée, *telle qu'elle était lors de la réunion*.

Et dans un rapport de l'Inspecteur des Eaux et Forêts Dumont, du 6 août 1839, on lit ce qui suit : « Ce serait une erreur de croire que l'état des terrains désignés comme vaccans (dans la forêt domaniale de Bastard) est la conséquence d'une révolution prématurée, ni du mode d'exploitation en usage. On explique que rien n'indique que ces vaccans aient jamais été peuplés. Ils se composent : 1° de 57 hectares faisant autrefois partie des vastes landes du Pont long, dont la vallée fit donation à l'Etat en 1778; 2° d'autres landes assez étendues appartenant à un particulier réunies à la forêt, par suite d'un échange fait en 1776... » Ces terrains réunis furent l'objet de plantations après 1840.

Le vrai mérite de Laclède est donc d'avoir réussi à faire augmenter l'étendue de la forêt de Bastard, mais non d'avoir été le créateur de cette forêt. Le souvenir des acquisitions qu'il fit faire n'est pas perdu aujourd'hui: la forêt de Bastard (297 h. 83) est divisée actuellement en deux séries, dont l'une la seconde, 54 h. 94, est dite des Terrains Réunis (1). Mais rien ne rappelle que c'est Laclède qui fut le promoteur de leur acquisition.

Laclède s'est intéressé, bien que cela ne fut point dans ses attributions de service, aux exploitations de la Mâture. Ces

(1) Dans le *Compte rendu du Congrès pour l'avancement des Sciences, Pau, septembre* 1892, M. Dubreuil, rédacteur de l'article : « Forêts » écrivait : « La forêt de Bastard provient en grande partie 242 h. 89, de l'ancien domaine royal antérieur à 1669; le reste 54 h. 94 est d'origine ecclésiastique ». Il paraît y avoir là une inexactitude quant à l'origine des 54 h. 94 qui proviennent, à n'en pas douter, de la donation de la vallée d'Ossau en 1778.

exploitations étaient faites uniquement par la Marine, et l'on peut dire qu'en pratique les forêts de montagne où elles avaient lieu échappaient totalement à l'action administrative de la Maîtrise des Eaux et Forêts. Aspois de naissance, ayant des propriétés près du port d'Athas, Laclède s'était forcément trouvé en contact avec les Services de la Mâture pour lesquels son beau-frère Etienne de Casenave faisait des exploitations.

En tout cas c'est précisément à partir du moment où il est devenu Maître particulier que les fameuses exploitations de mâture des forêts d'Issaux et du Pacq dans la vallée d'Aspe, du Benou entre Escot et la vallée d'Ossau avec vidange par Escot, ont pris leur plus grand développement. Et il a écrit un traité sur la Mâture des Pyrénées que nous n'avons pas retrouvé, mais dont l'existence ne saurait être mise en doute. M. l'abbé Marsan a en effet publié en 1906 (1) une « Réponse du Comte de Ségur à un questionnaire de M. Laclède, de Pau, auteur d'un ouvrage sur la mâture des Pyrénées, vers 1751 ». Il aurait été tout à fait intéressant de mettre la main sur le traité. En tout cas le seul fait de l'avoir écrit montre que Laclède était particulièrement compétent pour s'opposer comme il l'a fait dans ses ordonnances aux empiètements des officiers de la Marine sur les attributions du personnel des Eaux et Forêts.

Sans vouloir refaire l'histoire de la Mâture dans les Basses-Pyrénées (et spécialement dans la vallée d'Aspe, histoire déjà écrite par M. Pierre Buffault (2)) il est bon de rappeler le passage du mémoire où Leroy, en 1776, donne des renseignements généraux sur l'historique des exploitations entreprises pour le compte de la Marine dans les sapinières de la région.

« Il y a près de 150 ans, écrivait Leroy, que sous le ministère du Cardinal de Richelieu on commença à tirer quelques mâts des Pyré-

(1) *Bull. Soc. Ramond*, 3e série, t. I, 1906, p. 74. Imp. Ed. Privat, Toulouse.

(2) Pierre Buffault, *Forêts et Gaves du Pays d'Aspe*, Bordeaux, J. Durand, 1904. On y relève incidemment, p. 15, que la Régie afferma le 10 juillet 1766 à Jean de Laclède, conseiller du Roy, Maitre particulier des Eaux et Forêts à Pau, ses prairies de Dignest et de la Mouline, près le port d'Athas, vingt neuf arpents et vingt trois escarts 26 livres par arpent pour cinq ans. » Il faut, croyons-nous, lire Liguest et non Dignest

nées; mais ce ne put être qu'en petite quantité et ils durent être extrêmement chers, parce que n'y ayant ni chemins faits pour les sortir de la forêt, ni rivière navigable pour les flotter, leur transport ne pouvait être que très long et très pénible. Depuis ce temps là plusieurs particuliers ont tenté à diverses reprises l'exploitation de ces bois; mais les obstacles étaient les mêmes et ils devaient empêcher le succès; on n'en pouvait espérer qu'en pratiquant des chemins commodes jusqu'au centre de la forêt, jusque sur le lieu même de l'exploitation et d'un autre coté à une rivière navigable ou rendue telle à peu de frais. Ce ne fut qu'en 1758 qu'il se forma dans la province de Béarn une compagnie en état de faire toutes les avances nécessaires pour cette exploitation; le Ministère approuva ce projet et passa un traité avec les entrepreneurs; ensuite il jugea que cette entreprise pouvait être utilement exécutée pour le compte du Roi; en conséquence sur la fin de 1765 on nomma des officiers d'administration de la Marine pour diriger cette exploitation de la manière dont elle est montée à présent » (1).

Laclède avait pris possession de sa charge en 1763; le service de la Mâture fit les exploitations en régie à partir de 1765. Laclède qui s'occupait activement de sa propriété de Bedous fut donc le témoin de la construction des fameux chemins de vidange de la forêt d'Issaux (Osse et Lées-Athas) et du non moins fameux chemin du Pacq (Etsaut). Et le véritable intérêt du mémoire qu'il avait écrit sur la mâture antérieurement à 1752 serait de nous renseigner non seulement sur les exploitations faites par la Marine avant l'ouverture de ces voies de transport, mais aussi probablement sur la manière dont il envisageait la conduite des peuplements de sapin.

Nous en voyons la preuve dans un questionnaire qu'il avait adressé au Comte de Ségur et qu'a reproduit M. l'abbé Marsan (2). Il voulait savoir s'il y avait de belles forêts de

(1) *Mémoire sur les travaux qui ont rapport à l'exploitation de la Mâture dans les Pyrénées*, par M. Leroy, ingénieur des Ports et Arsenaux de la Marine. Londres, 1776 et à Paris, chez Couturier père, aux Galeries du Louvre et chez Couturier fils, quai des Augustins. Discours préliminaires, pp. v-vi.

(2) Cf. copie de ce questionnaire en annexe.

sapin dans la vallée d'Aure, leur nom, leur situation, la nature et la dimension de ces sapins tant sur les pentes que près des cimes, leur vue dominante, etc.

Il ne faudrait pas supposer que Laclède ne rencontra pas d'obstacles dans l'exercice de sa charge. En dépit de son autorité reconnue en matière d'économie rurale, de la situation prééminente que ses travaux et ses qualités intellectuelles et morales lui avaient fait acquérir dans tous les milieux et peut-être précisément à cause de sa valeur personnelle, il avait éveillé certaines susceptibilités, ou certaines jalousies même, chez quelques membres des Etats de Béarn. La faveur que le Roi lui avait faite par la concession de l'ancienne forêt de l'Ousse, dont il sera question plus loin, fut l'origine indirecte des difficultés qui lui furent suscitées, par suite du mécontentement produit chez certains paysans d'abord, chez certains membres des Etats ensuite.

Une offensive en règle, renouvelée exactement dans son processus de celle qui avait eu lieu contre le Maître particulier de Vicq trente ans auparavant, se déclencha contre la Maîtrise en 1785. Par une délibération du 28 février (1) les Etats firent valoir que, d'après un arrêt du 5 août 1776, il ne devait être procédé aux aménagements qu'après que les commissaires des Etats en auraient été avertis; qu'il ne semblait pas que depuis cette époque il eût été procédé à des aménagements et que l'on se plaignait généralement du dépérissement des bois (2). Et ils nommèrent une Commission chargée de rassembler les éclaircissements nécessaires et de proposer les mesures convenables pour remédier à cette situation. L'enquête eut lieu en 1785 et 1786 (3) et une statistique des bois des communautés fut dressée dans chaque sénéchaussée par les commissaires. Ceux-ci constatèrent que les bois étaient « dans un état de dégradation vraiment alarmant », et en attribuèrent les causes à l'absence de pépinières, à la non

(1) Arch. B.-P., C. 820, p. 130.

(2) Cf. *Statistique des Forêts des Communautés béarnaises en 1785*, par H. de Coincy, Tarbes, Imp. Lesbordes et *Bull. Soc. Sciences, Lettres et Arts de Pau*, 1924.

(3) *Ibid.*

exécution de plantations, aux exploitations abusives, à la ruine par les bestiaux et la faux des coupes faites rez terre, à l'inexécution des aménagements, au système du tire et aire à courte révolution dans les forêts de montagne, à l'impunité des dégradations.

Les remèdes préconisés par la Commission étaient :

1° L'établissement de pépinières par les entrepreneurs;

2° La responsabilité personnelle des jurats dans l'exécution des plantations;

3° La défense d'enlever la feuille et la terre des bois;

4° Le renouvellement des interdictions du pâturage des chèvres et de l'allumage du feu au voisinage des forêts;

5° Une surveillance sévère pour l'avenir;

6° La modification des aménagements par réduction des coupes de taillis, constitution de réserves de futaie et remplacement progressif des bas-taillis par des hauts-taillis (têtards) qui n'empêchent ni le pâturage, ni le soutrage.

7° La remise en vigueur pour ce qui concernait les futaies et forêts de montagne des anciens modes de traitement par jardinage (règlements de la Réformation générale en 1673 pour les forêts de montagne);

8° La restriction de la compétence de la Maîtrise des Eaux et Forêts en ce qui concernait le contentieux des droits de propriété et des droits d'usage dans les bois et les landes et du droit de chasse.

Les mesures énoncées dans les cinq premiers paragraphes n'étaient que la consécration des réglements en vigueur lesquels n'étaient pas suffisamment observés, surtout parce que le personnel subalterne de surveillance, nommé par les communautés, manquait d'indépendance vis-à-vis des délinquants parmi lesquels se rangeaient souvent les jurats eux mêmes.

En ce qui concerne les aménagements il y avait certainement du bien fondé dans les critiques dont ils étaient l'objet. Sans admettre la transformation des taillis en bois de têtards d'une manière générale, on aurait pu l'admettre partiellement de manière à diminuer les dégâts du pacage et du soutrage sur le restant. Et pour les forêts de montagne en sapin et hêtre le jardinage était certainement le seul traitement logique.

Mais il faut observer que la Maîtrise était tenue de faire appliquer l'ordonnance de 1669 et que l'art forestier était peu développé. Les atténuations au régime forestier en vigueur, les dérogations au moins temporaires qu'il eut été opportun d'y apporter pour l'accommoder à certaines habitudes locales, et surtout l'amélioration du personnel subalterne de la Maîtrise, ne pouvaient être qu'une œuvre progressive, difficile à amorcer par un Maître particulier comme Laclède déjà âgé de 69 ans. On était à l'avant veille de la Révolution et la suppression des Maîtrises réclamée par les Etats généraux ne devait pas tarder à être accomplie. Celle de la Maîtrise de Pau fut demandée par l'assemblée extraordinaire des Etats du Béarn, réunie en 1789 en vue des Etats généraux (1). La Maîtrise fut abolie comme toute l'organisation forestière en France et la charge de Laclède fut rachetée. Mais l'Assemblée Constituante avait créé une organisation forestière nouvelle après la suppression des provinces et leur remplacement par les départements, et Laclède fut nommé conservateur. Sa circonscription, écrivait de Laussat (2), « embrasse quatre départements, parmi lesquels sont les Hautes et Basses Pyrénées, c'est-à-dire tout ce qui avoisine nos montagnes, où, sans la mauvaise et dévastatrice administration qui a précédé, la mâture eut été inépuisable ». Et il ajoutait « Si le mal n'est pas sans remède, on ne pouvait choisir meilleur médecin ». En réalité l'organisation forestière créée par la Constituante ne put fonctionner en raison des troubles révolutionnaires et Laclède ne put exercer les fonctions de conservateur.

Il semble bien, d'après une indication d'archives dont il sera question plus loin, qu'il ait essayé d'être réintégré en l'an V dans l'administration forestière, réunie alors aux Domaines; mais on ignore s'il y réussit.

Mûriers et vers à soie.

L'activité de Laclède ne s'est pas exercée seulement dans le domaine forestier proprement dit, mais aussi dans diverses

(1) Arch. B.-P., C. 1376.

(2) J.-G. de Laussat, *Mélanges historiques et souvenirs.*

branches de l'agriculture et de l'économie rurale. C'est ainsi par exemple qu'il a développé dans son pays la culture du mûrier et l'industrie des vers à soie.

« Entraîné dès mon enfance, écrivait-il, par un goût décidé pour la culture des mûriers et l'éducation des vers à soye, je m'y attachoi à Toulouze pendant le cours de mes études; de retour en Béarn en 1755 je m'occupai sérieusement de cette branche d'industrie » (Arch. B.-P., C. 1303).

C'est sous Henri IV que furent introduites la culture du mûrier et l'industrie de la soie en France; Henri IV avait fait faire des plantations de cet arbre précieux dans trois de ses maisons, à Madrid, aux Tuileries, à Fontainebleau. Mais on ne s'en occupa point en Béarn jusqu'en 1742, date à laquelle l'intendant de Sérilly proposa l'établissement d'une pépinière de mûriers blancs; celle-ci fut installée dans les jardins dépendant du château de Pau (arrêté des Etats du 15 février 1742). Elle fonctionna assez bien au début, déchut ensuite, pour reprendre une nouvelle vie en 1752 et fut supprimée, comme nous le verrons plus loin, en 1772.

Laclède a écrit divers mémoires sur la question des mûriers et de la soie (Arch. B.-P., C. 804, 1303 et 280). Nous y voyons que son premier essai date de mars 1756; il fit planter à Bedous 300 mûriers, en allées, distants l'un de l'autre de 32 pieds, dans un champ fertile; il y eut des manquants; ils furent remplacés en janvier 1757 et il en fit planter 200 autres. Nouvel échec partiel. En décembre de la même année il fit alors remplacer les manquants et planter 200 autres mûriers à 42 pieds de distance. Cette plantation eut plus de succès: il la développa. En 1766 il créa un taillis, des haies, des buissons, des espaliers, et réussit à avoir 3.000 pieds de mûrier. Il fit alors défricher « sur le revers d'une montagne qui est en perspective à six parroisses du valon d'Aspe dix arpens garnis de buis, d'arbustes et de cailloux ». Il était persuadé, en effet, que les mûriers situés sur des éminences et exposés aux vents auraient des feuilles de meilleure qualité. Il distribua autour de lui des plants venus de la pépinière publique de Pau, et sema en avril 1767 de la graine de mûrier à Bedous pour faire une pépinière : celle-ci fut très réussie.

La pépinière de Pau produisit année moyenne 10.000 mûriers du 1er janvier 1747 au 1er janvier 1768; faute d'expérience, la moitié périt. La feuille correspondante était de 6.300 quintaux, et il fallait 16 quintaux pour la nourriture des vers provenant d'une once de graine. Donc pour consommer les 6.300 quintaux, il fallait faire éclore 393 onces de graine. L'once en Languedoc produisait en moyenne 5 livres de soie, valant 22 livres la livre. Le produit des vers à soie passa de 21.656 livres en 1768 à 57.960 livres en 1770.

En mars 1764 et mars 1765 Laclède fit venir une nourricière pour l'éducation des vers à soie; elle fut désorientée et n'obtint que 80 livres de cocons de 3 onces de graine. Il fit alors un établissement dans une maison vaste qu'il possédait à Osse et qui tombait en ruine et commença un atelier dans deux pièces où travailla en avril 1766 une nourricière du Languedoc. En mars 1767 il fit venir du Languedoc trois femmes, deux hommes et deux enfants pour divers ateliers de propriétaires du Béarn.

Dès 1764 il envoya un échantillon de la soie produite à l'intendant d'Etigny qui le fit analyser à Auch à l'atelier de Saillan; la soie avait quelques défauts. En 1766, il fit venir du Languedoc un tireur et envoya à Trudaine un échantillon de la soie obtenue; celle-ci fut reconnue de parfaite qualité. Alors en 1767 il fit venir 9 ouvriers du Languedoc et les installa en atelier de tissage dans sa maison de Pau, maison de Maucau, rue de Nay; il avait en effet reconnu que l'eau de l'Ousse de Bizanos, étant très savonneuse, était très propice aux opérations de tissage. L'atelier fonctionna pendant deux mois et demi et le succès fut complet. Laclède demanda alors une subvention au gouvernement pour développer son industrie.

L'année précédente il avait présenté aux Etats un projet en vue de faire venir des « artistes » pour tailler les mûriers, des tisseurs pour filer la soie et préparer des fantaisies, et il proposait également de faire distribuer des gratifications pour encourager les cultivateurs de mûriers et les nourricières. Il demandait pour lui-même une aide pécuniaire pour le dédommager de ses dépenses, perfectionner ses bâtisses, éduquer ses vers, continuer ses expériences. Trudaine, auquel le projet avait été envoyé, l'avait accueilli favorablement et avait écrit à d'Etigny (27 mai 1767) pour assurer les Etats qu'on accorderait toutes les gratifications que eux, les Etats, donneraient. Les Etats (délibération du 11 mai 1768) furent d'avis d'établir des arboristes et des tisseurs, mais ne voulurent faire aucun établissement, ni donner aucun encouragement aux cultivateurs de mûriers, aux nourricières et à Laclède — effet de la jalousie, de l'intrigue et de faux raisonnements, écrira ce dernier dans un mémoire (C. 280).

Et cependant il aurait fallu perfectionner et encourager la culture du mûrier. De mauvais soins culturaux étaient donnés aux arbres. « La manie qu'on a d'étêter les mûriers de haute tige au lieu de les émonder, de couper leur tête en fourche ou en potence au lieu de la former en couronne, de laisser élever leurs branches en fusée au lieu de les retenir, de laisser des chicots, des bosses, des moignons au lieu de les enlever, occasionne la disette de la feuille et la perte des arbres » (Mémoire écrit en 1766; Cf. C. 1303).

Une autre personne avait envoyé en 1768, au Gouvernement, un mémoire sur le mûrier et le ver à soie en Béarn. Laclède fut appelé par l'Intendant à donner son avis à ce sujet. On lit dans ses observations ceci : « Une simple invitation (pour développer l'industrie de la soie) ne remuera pas l'assemblée des Etats, des principes nationaux et des craintes imaginaires la retiendront toujours dans l'assoupissement; l'autorité est le seul ressort à employer lorsque le bien est démontré; de simples cultivateurs ne sont pas capables de grands efforts dans une partie inconnue; s'ils s'égarent une fois, ils se rebutent; s'est au Gouvernement à agir. » Et plus loin « La pépinière installée au jardin Henri IV est mal gouvernée, mais a produit depuis 1747 200.000 plançons; il faudrait des arboristes intelligents. Cette pépinière n'est pas assez vaste pour fournir tous les mûriers qu'on demande (il est des années où on en employerait 30.000); on émonde toutes les branches — mauvaise pratique. Les façons qu'elle reçoit sont insuffisantes; le terrain est aquatique et fort; il faudrait des décombres et des engrais. Au lieu d'augmenter la pépinière, comme l'auteur du mémoire le propose, il faudrait l'abandonner pour l'asseoir près du Gave où le terrain est léger, sablonneux, caillouteux et limoneux. Il faudrait avoir 4 pépinières, à Pau, Oloron, Orthez et Lembeye, où l'on ne prît jamais les mûriers en furetant. L'auteur passe sous silence le tissage et la préparation des fleurets et fantaisies; c'est fort important pourtant; il faudrait attirer de bons tisseurs ».

Les Etats ne voulurent donner aucun encouragement à Laclède; mais le contrôleur général lui fit donner une gratification extraordinaire de 1.200 livres (par de St Laurent, trésorier des Colonies, Lettre du 2 juillet 1768 à l'Intendant). Les Etats allèrent alors plus loin et cherchèrent à s'opposer à la culture du mûrier. Ils prirent en 1772 une délibération pour supprimer la pépinière; la suppression fut décidée et les fonds d'entretien furent réunis à ceux des Ponts et Chaussées « pour être employés tant à des pépinières plus utiles et plus conformes au sol de la province qu'à leur deffaut aux ouvrages des chemins ».

La culture du mûrier en Béarn ne put dès lors que déchoir. Il est impossible de bien comprendre aujourd'hui ce qui put amener les Etats à anéantir d'un coup les résultats d'efforts de trente années; il est à craindre que ce ne soit la jalousie contre Laclède et les « préjugés nationnaux » c'est-à-dire les préjugés locaux, l'étroitesse d'esprit.

Le ver à soie eut les honneurs de plusieurs séances à l'ancienne Académie de Béarn (1). Laclède, membre de l'Académie, y parla plusieurs fois; le 6 février 1755 il fit un discours tendant à faire connaître les avantages en tout genre que la province de Béarn avait sur tous les autres pays. Une autre fois il disserta sur la tarentule. En 1766 l'Académie mit au concours de poésie le sujet du ver à soie. Les prix furent réservés. En 1767 le sujet fut remis au concours. Mais les orateurs et les poètes n'étaient point en verve, car les trois prix furent encore réservés. Dans la séance publique du 5 février 1767, en effet, l'Académie déclara, par l'organe de M. de Pons, son directeur, que « quelque désir qu'elle eût eu de couronner quelques ouvrages de ceux qui lui ont été adressés, particulièrement un sur le ver à soie, dont elle avait paru satisfaite, elle n'avait pu s'y déterminer parce qu'elle avait trouvé

---

(1) L'ancienne Académie royale de Béarn, in *Etudes d'histoire locale et religieuse*, par V. Dubarat, pp. 74, 194.

dans cet ouvrage, outre quelques négligences, trop de licence dans l'expression de la mort de cet insecte devenu papillon ».

Plantations de peupliers.

La propagation du peuplier en Béarn fut l'objet, comme celle du mûrier, des préoccupations de Laclède. Des détails extrêmement curieux sur les efforts qu'il fit pour développer cette culture nous ont été donnés par M. L. Médan dans un article paru dans la *Revue de Gascogne* (1908, p. 511) et intitulé : *Une entreprise agricole en Béarn au* XVIIIe *siècle*.

« A la fin de 1774, écrivait M. Médan, une entreprise par actions fut montée pour la plantation, la culture et l'exploitation de quarante mille peupliers d'Italie dans la province de Béarn (1). La réclame qui parut dans les journaux de l'époque est détaillée. Elle n'a rien de la sécheresse d'information de la rubrique « Biens et charges à vendre (2) ». L'auteur du projet est M. de La Clède, Maître particulier des Eaux et Forêts en Béarn, membre de l'Académie de Pau, et c'est aux environs de Pau que doit se faire cette exploitation.

On explique les propriétés du peuplier d'Italie, récemment introduit en France en 1745 et dont M. de La Clède avait déjà formé des plants de la plus belle venue. On prévoit le nombre des coupes, le revenu net de chaque arbre, l'établissement de moulins à scie. Le débouché doit être des plus faciles. « Outre la consommation du pays, on aura la commodité des radeaux pour en envoyer à Bayonne, et l'on en fera passer à Bordeaux, à Rochefort, à la Rochelle et dans d'autres ports, comme on y transporte le sapin et tous les bois de construction tirés du Béarn et des Pyrénées. Le peuplier flotte et la rivière du Gave coule à une demi-lieue du canton où la plantation sera faite (3) ».

L'entreprise était divisée en 667 actions, chacune de 150 livres et d'un bénéfice net estimé alors 1050 livres. La planta-

(1) Affiches, annonces et avis divers, n° 45 du mercredi 8 nov. 1775, pp. 17, 59.

(2) *Ibid.*, n° 41 du mercredi 12 octobre 1774.

(3) *Ibid.*, n° 45 du mercredi 8 novembre 1775, pp. 17, 59.

tion, qui devait se faire en cinq ans à partir du 1er janvier 1776, devait donner ses coupes chaque année de 1786 au 1er janvier 1801. La liquidation générale serait faite au 1er janvier 1802. Le revenu net de chaque arbre était estimé vingt livres ».

Nous ignorons exactement si l'entreprise a reçu un commencement d'exécution ou a été poursuivie, comme aussi l'endroit où l'on devait planter les peupliers. Il semble bien cependant que c'est à cette époque que Laclède planta des peupliers dans son domaine de St Sauveur de l'Ousse. Mais ce qu'il y a de remarquable, c'est l'idée de fonder une société par actions pour une exploitation arboricole. Laclède a été le promoteur d'une idée qui n'a été reprise qu'à la fin du siècle dernier pour la mise en valeur des terres par le reboisement.

Le lin, la betterave.

La culture du lin et celle de la betterave ont été, comme celle du mûrier et du peuplier, l'objet des soins et des efforts de Laclède, ainsi qu'en témoignent les compte-rendus des séances du Comité d'Agriculture du département de la Seine (1).

Dans la séance du 10 février 1786 « M. Lubert a fait lecture d'un mémoire sur la culture du lin adressé à Monsieur de Vergennes par M. de La Clède, Maître particulier des Eaux et Forêts du Béarn; ses observations sont d'autant plus intéressantes qu'il a suivi lui-même cette culture dans un établissement qu'il a fait au Désert en Béarn.

On cultive dans cette province deux espèces de lin, le gros et le petit. Ce dernier est plus fin, plus beau, mais il est en même temps plus délicat; ces deux espèces se sèment en même temps, soit en automne, soit au printemps, mais on préfère en général de les semer avant l'hiver. Il faut de très bonne terre pour le lin et on y emploie ordinairement des espèces de terre exprès. La terre qu'on destine à cette culture doit être en très bon état et on la fume ordinairement avec

---

(1) Cf. Pigeonneau et de Foville. *L'administration de l'agriculture au Contrôle général des Finances* 1785-1787. Paris, Guillemin, 1882, pp. 177, 179, 202, 203, 360.

23 charretées de fumier pour 36.000 toises carrées de terrain. Lorsque on se propose de cultiver du gros lin et que les terres sont très bonnes, on évite de les fumer autant et souvent on ne les fume point du tout. Autrement la plante serait exposée à verser lorsqu'elle approcherait de la mâturité. Cet inconvénient tient, à ce qu'il paraît, à ce qu'on n'est pas dans l'usage, en Béarn, de ramer le lin; au moins M. de la Clède n'en fait-il aucune mention.

La marne et le fumier mêlés ensemble qui conviennent très bien au gros lin, ne conviennent pas également au petit; la cendre de végétaux convient très bien à tous deux.

On préfère en général de semer la graine de l'année; mais lorsque elle a été bien conservée, elle est aussi bonne, quoique plus ancienne.

Le lin a deux ennemis à craindre : une espèce de pucerons qui rongent la plante quand elle est jeune et tendre, et la cuscute qui l'étouffe quand elle est plus avancée.

Lorsque le gros lin a été arraché, on le laisse exposé à l'air pendant une quinzaine de jours à la différence du petit lin qu'on porte sur le champ à la grange.

On ne rouit pas le lin dans le Béarn comme dans les provinces septentrionales; on se contente de l'exposer sur le pré par rangées parallèles, on le retourne et pendant la chaleur du jour on le redresse en le mettant en botte; communément au bout de quinze jours environ pour le gros et de huit jours pour le petit, il est suffisamment roui et la filasse s'en détache.

Ce n'est que depuis 1764 que la culture et la filature du lin ainsi que la fabrication des toiles ont pris faveur en Béarn. On y file à la salive et à la quenouille, sans éponge et sans rouet. On est dans l'usage d'y blanchir les toiles sans chaux et sans lait. Aussi ont-elles un duvet particulier qui leur donne plus de valeur que n'en ont celles des autres provinces.

M. du Pont auquel ce mémoire a été remis en profitera pour faire quelques additions à l'instruction sur la culture du lin qu'il a rédigée. »

Dans la séance du 31 mars 1786 (1) « M. Lubert a communiqué quelques observations de M. de La Clède sur le premier mémoire qu'il avait adressé. Il entre dans des détails sur ce qu'on nomme semer le lin en cinq passées. [M. de La Clède annonce en même temps un mémoire sur le défrichement des terres couvertes de genêts épineux et sur la manière de les planter en arène. Il a été arrêté qu'on le prierait d'envoyer le mémoire | ».

Dans une séance ultérieure (1), « M. Lubert a fait lecture d'une lettre de M. de La Clède sur la culture de la betterave champêtre. Il ne l'a semée que le 10 juin, c'est-à-dire près de deux mois trop tard et cette circonstance ne lui a pas permis d'obtenir un succès complet. Il a cultivé et transplanté comme le prescrit M. l'abbé de Commerell. Au commencement de novembre les racines avaient 5 pouces de circonférence et des feuilles de 8 à 10 pouces, les bestiaux et les volailles étaient très avides de l'un et de l'autre. Il pense que la culture indiquée par M. l'abbé de Commerell demande une attention trop suivie pour qu'elle puisse être généralement adoptée. Il se persuade qu'on pourrait réussir en semant en plein champ. sans transplanter; il se propose de l'essayer lui-même, de distribuer des graines pour multiplier les essais et il promet d'en rendre compte. En général il ne voit pas que les nouvelles cultures prennent beaucoup dans ses environs ».

Le Pont Long et Saint-Sauveur de l'Ousse.

§ 1. *L'affièvement de la forêt de l'Ousse.*

Ecrire la biographie de Laclède, c'est retracer en partie l'histoire du Pont Long et de la banlieue nord de Pau pendant la fin du XVIIIe siècle et le commencement du XIXe. D'une part, en effet, Laclède a possédé dans le Pont Long une propriété importante qu'il a mise en valeur à grands frais, qui a été ruinée pendant la Révolution et lui a attiré les pires ennuis; d'autre part, il a eu à arbitrer le litige fameux entre le Gouvernement royal et les habitants de la vallée d'Ossau concernant la propriété des landes du Pont Long.

(1) Cf. Pigeonneau et de Foville. *L'administration de l'agriculture au Contrôle général des Finances* 1785-1787. Paris, Guillemin, 1882, pp. 202-3.

Laclède a été mis en possession de l'ancienne forêt royale de l'Ousse en suite d'un arrêt du Conseil du Roi du 13 novembre 1770. Cet arrêt qui affiévait cette ancienne forêt ruinée à Joseph Casenave, d'Oloron, négociant à Bayonne, fut sanctionné par lettres patentes du 5 décembre 1770; arrêt et lettres furent enregistrés au Parlement de Navarre le 8 janvier 1771. Or Joseph Casenave n'était que personne interposée pour Jean de Laclède qui était sans doute ou son parent, ou son allié (Magdeleine de Laclède, sa sœur, avait en effet épousé Etienne de Casenave, sa grand'tante Anne-Gratie avait épousé Gratian de Casenave); en tout cas les Archives portent trace de fournitures faites à la Marine par Joseph Casenave dans la vallée d'Aspe et nous avons vu que Laclède avait écrit un mémoire sur la Mâture à l'occasion duquel des relations s'étaient certainement établies entre eux, à défaut de parenté ou d'alliance.

Voici les passages principaux de l'arrêt d'inféodation (1).

« Dans le terroir de la ville de Pau en Béarn où Sa Majesté a la haute, moyenne et basse justice, il se trouve un terrein stérile, de l'étendue de trois cent cinquante huit arpents un quart, confrontant au nord aux landes du Pont Long et aux terres du Normand (2), d'orient à l'ancien chemin de Morlaas et auxd. landes, du midi aux terres fertiles et incultes de la Ville de Pau et du couchant à la grande route de Bordeaux et auxd. landes, que ce terrein appelé la forêt royalle de Lousse parce qu'il était anciennement planté en bois ne forme plus depuis longtemps qu'une lande marécageuse dans ses parties basses et aride dans les autres, qu'en mil six cent soixante et treize les commissaires chargés de la Réformation des Eaux et Forêts en firent la visite et reconnurent dès lors que ce n'était qu'une lande marécageuse parsemée de loin en loin de quelques vieux arbres rabougris et de nulle valeur, que loin qu'on

(1) Arch. B.-P., B. 4002, pp. 182 et suiv.

(2) La métairie du Bousquet ou du Normand appartenait en 1657 au Sr Arman Blair et à sa femme, demoiselle Aimé de Norman. Son étendue était de 220 journades. La vallée d'Ossau à la suite d'un procès obtint la distraction de 20 journades qui étaient contigues au bois du Larron. (Arch. B.-P., E. 2345.) La journade équivalait à peu près à l'arpent, soit à Pau à 0 h. 38. (Cf. Lespy et Raymond, *Dictionnaire béarnais*, p. 396.)

s'était occupé alors à repeupler le terrein, on l'a totalement abandonné, en sorte qu'il ne donne depuis longtems aucuns revenus au Domaine..... Le Roy en son conseil, ayant égard à la requête, a concédé et concède au supliant tant les marais et landes de Lousse que le ruisseau qui les traverse, connus sous la dénomination de forêt royale de Lousse et contenant 358 a. 25 perches, comme aussi le droit exclusif de chasse dans toute l'étendue des landes et marais et de pêche dans le ruisseau pour par le supliant, ses hoirs, successeurs et ayants cause, jouir du tout à perpétuité à titre d'inféodation et de propriété incommutable et le tenir en plein fief, foy et hommage de Sa Majesté à cause de sa couronne, à la charge par le supliant de faire dessécher les marais et deffricher les landes dans le temps et espace de dix années et de payer au domaine de Sa Majesté une redevance annuelle et perpétuelle de deux sols par chaque arpent avec les droits féodaux aux mutations suivant la coutume des lieux; ordonne S. M. que le supliant, ses hoirs, successeurs et ay. cause jouïront des privilèges et exemptions accordés en faveur des dessèchements de marais et deffrichements de landes et terres incultes par les déclarations de S. M. des 14 juin 1764 et 13 août 1766, etc.

C'est le 9 janvier 1771 que Casenave prit possession effective de la forêt de l'Ousse ainsi qu'il résulte du procès-verbal suivant :

« Le 9 janvier 1771 nous (Saint Pau) commissaire à l'assistance du s[r] de Tresarrieu, substitut du procureur général du Roy, Castaing, greffier principal écrivant sous son nom et Broca huissier, notre suitte, nous sommes transportés avec le sieur de Casenave sur le territoire sous la dénomination de forêt royale de Lousse où étant en présence de nous, Paul Danet cadet et Arnaud Bernadot, praticien, habitants à Pau, procédant à l'exécution de l'arrêt de la Cour, j'ai introduit led. de Casenave dans led. terroir où il a promené, derraciné des herbes, jetté des pierres et fait tous autres actes de possession et de maître, moyenant ce il a été installé dans la propriettè et jouissance du terrein concédé en sa faveur, etc ».

L'Ousse du Bois, qui prend sa source derrière Sendets, passe au sud de l'Hippodrome du Pont Long, au nord et tout près de

Lescar, et se jette dans le Gave entre Siros et Denguin. Tous les autres ruisseaux situés au nord de l'Ousse sont tributaires du Luy de Béarn, qui suit les coteaux de Buros et de Montardon, et par conséquent de l'Adour. Le chemin Salié et l'Hippodrome marquent la ligne de partage des eaux entre le Gave de Pau et l'Adour.

La forêt royale de l'Ousse se trouvait à cheval sur les deux rives du ruisseau. Nous n'avons pas retrouvé son plan, qui avait été dressé par Bernard Minvielle, arpenteur de la Maîtrise des Eaux et Forêts, le 3 juillet 1741. Mais grâce aux indications du procès-verbal d'arpentement dressé par celui-ci, du dossier de la vente du domaine de Laclède en 1816-17, d'un extrait du plan d'ensemble du Pont Long joint au rapport Rivarès du 29 août 1845 et des recherches que nous avons faites tout le long de l'Ousse, nous avons pu nous rendre compte approximativement des limites qu'avait cette forêt.

C'est ainsi qu'à l'est elle était limitée aux chemins Péboué et Larribau actuels, au nord, aux chemins Vignancour et Salié, plus loin au domaine du Normand. Au sud elle était bornée par des propriétés particulières, par le chemin de Rivehaute et au sud-est elle ne dépassait pas le boulevard Torrance.

Elle était ruinée depuis longtemps. L'Intendant Lebret, dans ses mémoires qui datent de 1703, en parle dans les termes suivants : « Le bois d'Ousse, plus long que large, a trois quarts de lieue d'étendue sur 20, 30, 40 et en quelques endroits 100 à 120 perches de largeur, traversé du ruisseau de l'Ousse; le terrain uni et humide de ce bois est entièrement ruiné et contient 358 arpents 1/4 à 100 perches par arpent et 22 pieds pour perche à 12 pouces pour pied, revenant à 450 journaux, à raison de 576 perches par journal et 14 pans carrés pour perche, comme on mesure en Béarn (1) ».

Le procès-verbal d'arpentement dressé par Bernard Minvielle en 1741 (2), sur ordre du Grand Maître des Eaux et

(1) Cf. *Mémoires des Intendants Pinon, Lebret et de Bezons sur le Béarn, la Basse Navarre, le Labourd et la Soule*, publiés par L. Soulice. (*Bull. Soc. des Sciences, Lettres et Arts de Pau*, 2e série, t. XXXIII.)

(2) Arch. B.-P., C. 145.

Forêts de Raymond, décrit le « bois de Lousse, situé au Pont Long, partie bois et partie lande, ledit bois étant totalement estêté et deshonoré, absolument sur son retour, ny ayant pas au delà de douze cens chênes qui paressent être venus naturellement et qui peuvent être de l'aage de plus de soixante dix ans, où étant nous aurions arpenté tout icelluy bois et lande que nous avons trouvé de la contenance de trois cent soixante quinze arpens et la moitié d'un quart et la moitié, faisant trente sept mille cinq cent vingt huit perches et demy, etc. ».

Enfin de Vicq, Maître particulier des Eaux et Forêts et prédécesseur de Laclède, a dressé un procès-verbal de visite du bois de l'Ousse le 4 novembre 1742 (1) et nous le montre dégradé, parcouru par le bétail partout. Il estime qu'il faudrait, pour tirer parti de ce terrain, ou bien l'affermer sous une rente annuelle noble foncière aux propriétaires des métairies situées sur les bords, ou bien concéder une partie dans un seul tènement aux propriétaires des métairies à condition d'en faire les frais de dessèchement, de creuser des fossés et de semer des glands. Mais il ne propose ces deux moyens qu'après avoir préconisé l'exécution de ce travail par le gouvernement royal lui-même.

L'afflèvement de la forêt de l'Ousse à Joseph de Casenave correspondait à cette dernière suggestion. Mais il souleva immédiatement des protestations du corps de ville de Pau, ainsi qu'en témoigne sa délibération du 19 janvier 1771 (2), dont la teneur suit :

« Un placet a été présenté à MM. les maire et échevins par les habitans tenanciers et voisins de la ville qui possèdent des héritages dans le territoire d'icelle, par lequel ils exposent qu'ils viennent d'apprendre que le Roy a concédé au sieur Casenave habitant à Bayonne un tènement d'environ trois cent cinquante arpents de terre en nature de bois a prendre au commencement du ruisseau appelé de l'Ousse jusqu'à l'extrémité du territoire de la ville ou peut-être plus avant, que de tous les tems ils ont constamment joui de ce tènement pour y mener paître leurs bestiaux de toute

(1) Arch. B.-P., E. 2352.
(2) Arch. Pau, BB. 18, p. 229.

espèce, ne pouvant les jeter ailleurs dans la majeure partie des saisons tant à cause de la fraîcheur de l'herbe que parraport aux eaux que l'on ne trouve pas ailleurs dans certains temps, de manière qu'ils ne peuvent absolument s'en passer sans renoncer à la culture de leurs biens, qu'ils ne peuvent ni travailler, ni bonnifier si l'unique ressource de faire subsister leurs bestiaux leur est ôtée, qu'ils se trouvent par là forcés de recourir à toutes sortes de voyes pour revenir de la concession faite au sieur de Casenave, ce qu'ils se flatent d'obtenir de la bonté de Sa Majesté, etc... sollicitent l'autorisation de tenir une assemblée à l'hôtel de ville ».

Et le Corps Municipal nomme Mrs de Persilhon, échevin, de Pialet, conseiller de ville et de Bru, notable, pour examiner tous les droits que la ville et les habitants pouvaient avoir sur le tènement concédé à Casenave.

Le 23 février 1771 nouvelle réunion du Corps de ville où il est dit que les commissaires ont pris connaissance des lettres patentes octroyées à Casenave et « que la ville ayant fourni son dénombrement en 1688, elle déclara avoir en vertu de plusieurs titres la propriété du bois de l'Ousse et que par arrêté du Conseil du 4 may 1688, rendu sur l'opposition formée au jugement de vériffication, les habitans furent maintenus dans les droits d'usage au bois de l'Ousse sans qu'ils puissent prétendre la propriété qui appartient à Sa Majesté, que depuis lors lesd. habitans tenanciers ont constamment joui de ces usages pour le pâturage des bestiaux et la coupe de la fougère, etc. »

Le Corps de ville autorisa les tenanciers à se réunir. Ils étaient 53. L'assemblée décida de demander au contrôleur général de faire révoquer l'arrêt de concession du sieur Casenave et d'accorder à la ville la concession « du terrein pour demeurer commun aux habitans, aux offres qu'elle fait de planter en bois les parties qui en seront susceptibles, de payer une redevance de 4 sols par arpent, de rembourser Casenave de ses frais, etc.

Le 25 février 1771 le Corps de ville délibère à nouveau (1). Il y a eu en effet une nouvelle protestation parce que Casenave

(1) Arch. Pau, BB. 18, p. 240.

a fait procéder aux arpentements et bornage de la concession à l'assistance d'un commissaire de la Maîtrise des Eaux et Forêts, sans y appeler les administrateurs de la communauté à cause des usages, et le garde bourcier demande des inhibitions contre Casenave.

Enfin l'on voit dans une délibération du Corps de ville du 24 mai 1771 (1) que le sieur Dabadie, garde bourcier, s'étant pourvu au Parlement à cet effet, demandait le rapport d'un procès-verbal dressé par les commissaires réformateurs en 1673, mais qu'il fut débouté et condamné aux dépens par arrêt du 17 avril 1771.

La ville fit appel de cet arrêt qui fut confirmé par arrêt du Conseil du Roi du 9 juillet 1771 (2).

Ce dernier, dont nous n'avons pu retrouver le texte, tranchait donc sans contestation possible la question de la légitimité de la concession faite par le Roi à Casenave, c'est-à-dire à Laclède. C'est pour ce dernier que Casenave avait agi. La preuve en est dans une délibération des Etats de Béarn du 12 février 1789 (3), faisant connaître qu'une Commission des Etats a vu « lous actes deus 14 juin 1764 et 13 août 1766 per lousquoals M. Cazenave a reconnegut que luy abé agit per M. de Laclède, l'arrest du Parlement crampe de comptes et finances de Navarre deu 8 jeneu 1771 par louquoal ed fou ordonnat que M. de Laclède seré metut en possession per un commissary de la Cour et lou procès-verbal de son installation dou lendoumaa 9 jeneu et l'acte d'hommage per luy rendut lou 18 decembre 1788 ».

Mais nous verrons la question soulevée à nouveau, peu d'années après, au moment du litige entre le Roi et la vallée d'Ossau, et directement au moment de la Révolution.

§ 2. *La mise en valeur du domaine de Saint-Sauveur de l'Ousse.*

La mise en valeur de la forêt ruinée de l'Ousse était une œuvre considérable; il fallait assainir, défricher, mettre en culture, et si pareils essais avaient été faits déjà dans le Pont Long, c'était sur une très modeste échelle et dans des parties

(1) Arch. Pau, BB. 18, p. 261.
(2) Arch. B.-P., C. 399.
(3) Arch. B.-P., C. 825, pp. 228 et suiv.

relativement fertiles (métairie du Norman par exemple). Le seul fait pour un particulier d'entreprendre ce travail dans une partie étendue, infertile et marécageuse, devait être un sujet d'étonnement; sa réussite ne pouvait manquer de susciter les plus âpres jalousies. Mais le Gouvernement royal en comprit tout le mérite.

C'est ainsi que Laclède ayant demandé (janvier 1778) l'autorisation de faire construire sur l'Ousse une digue en bois et dans la lande du Pont Long un canal de 230 toises de long sur 4 pieds de large, l'Intendant subdélégué Perrin (lettre du 14 février) concluait à l'octroi de l'autorisation moyennant un cens annuel de 20 c. au Domaine, et sans indemnités aux communautés qui ont des droits sur le Pont Long pour le passage du canal, en l'appuyant des considérations suivantes (1).

« On ne saurait trop favoriser les vues du sieur de Laclède (2) pour la fertilisation du domaine dont il s'agit; les expériences qu'il y a faites et les succès de certains genres de culture où il a réduit ce terrein, entouré de la vaste lande du Pont Long et qui est de la même nature, détruisent un préjugé malheureusement trop répandu que cette lande n'est pas productible; au lieu de la laisser en friche comme elle l'est depuis plusieurs siècles, on se convaincra insensiblement, en voyant ce qu'a fait le s[r] de Laclède qu'il est de l'intérêt de la province de la cultiver au moins en partie et qu'elle récompenserait les soins du cultivateur. » L'autorisation fut accordée par arrêt du Conseil du 13 mars 1778 (3). Et le même Intendant subdélégué Perrin (lettre du 11 mars 1781) (4), à propos d'une demande de prorogation de 15 années présentée par Laclède pour le défrichement de son domaine, écrivait à l'Intendant

(1) Arch. B.-P., C. 395.

(2) C'est ce qu'avait pensé auparavant Débonnaire de Forges (lettre écrite de Paris le 13 janvier 1778) : « Le Roi en concédant les landes du Pont Long n'a pu se priver des moyens qui s'offraient de fertiliser les landes de l'Ousse si elles fussent restées entre ses mains et en les inféodant au s[r] Laclède cette faculté lui a été nécessairement transmise. » (Arch. B.-P., C. 395).

(3) Arch. B.-P., B. 4003, p. 43.

(4) Arch. B.-P., C. 399.

de la Boulaye à Auch. « Le s^r de Laclède commença et a continué ses travaux sans relâche, mais l'entreprise était immense. Ce vaste tènement est d'une nature très ingrate; il fallut d'abord pour en faire une juste distribution le fermer de fossés considérables, dans diverses parties, en différents sens; faire des saignées multipliées former des digues pour l'écoulement des eaux, essayer ensuite quel genre de culture était propre à chaque partie du sol : après des essays faits avec beaucoup d'intelligence et de dépenses, certains cantons se sont trouvés susceptibles d'être réduits en prairie, d'autres en labourable, d'autres en bois. Le s^r de Laclède a commencé à donner à chaque partie le genre de culture qui lui convient. Le fléau de l'épizootie retarda ses travaux; il les reprit ensuite avec une nouvelle activité, mais il a été impossible de les finir encore.

«Sa demande me paraît très juste; je crois même que le zèle, l'intelligence et la constance du s^r de Laclède dans l'entreprise dont il s'agit, méritent des encouragemens et des éloges; outre le bien public que produira la culture d'un tènement considérable aux portes de la ville, le s^r de Laclède dissipera un préjugé très funeste où l'on est dans ce païs ci, que ce tènement, de la même nature que le Pont Long dont il est contigu, n'était propre qu'au pacage et au soutrage. » Et la prorogation fut accordée.

Le domaine porta le nom de Saint-Sauveur de l'Ousse. Il fut partagé par Laclède en six parties ou cantons. C'étaient en allant de l'ouest à l'est :

Le canton St Eustache (entre le territoire de Lons et le chemin de Crabé);

Le canton St Pierre (entre le chemin de Crabé et le chemin d'Arnaudané);

Le canton Ste Cécile (entre le chemin d'Arnaudané et la route de Pau à Buros);

Le canton St Antoine (entre la route de Pau à Buros et le chemin du Larron);

Le canton St Jean (entre le chemin du Larron et le chemin de Guilhem);

Le canton St Sauveur (entre le chemin de Guilhem et l'ancien chemin de Morlaas).

Leurs surfaces (1), d'après des évaluations faites en 1816 étaient les suivantes :

St Eustache	56 arp. 19 12 escats	ou	21 h. 40 a. 40 c.
St Pierre	40 arp. 39 08 escats	ou	15 h. 50 a. 60 c.
Ste Cécile	99 arp. 39 13 escats	ou	37 h. 96 a. 30 c.
St Antoine	30 arp. 09 04 escats	ou	11 h. 41 a. 10 c.
St Jean	31 arp. 39 09 escats	ou	12 h. 08 a. 60 c.
St Sauveur	200 arp. 37 05 escats	ou	75 h. 90 a. 80 c.
	460 arp. 5 »		174 h. 27 a. 80 c.

§ 3. *L'examen des droits de la vallée d'Ossau sur le Pont Long.*

Les premiers résultats obtenus par Laclède ayant montré qu'on pouvait tirer un parti avantageux des plus mauvais terrains du Pont Long, deux demandes de concession furent adressées au Roi en novembre 1778.

La première était faite par le sieur Saint Arroman (2) pour « 3.000 arpents de lande à prendre dans la lande du Pont Long dans la partie confrontant avec le grand chemin de Morlaas à Pau, le marais de Pujon, les terres de St Dex et d'Ydron ».

La seconde émanait du Comte de Polastron (3), père de la duchesse de Polignac, favorite de la reine Marie-Antoinette. Il demandait au Roi « d'accorder à Marie-Anne-Elisabeth de Noé, sa femme, cousine germaine de M. de Noé, évêque de Lescar et président des Etats, la concession de l'entier territoire du Pont Long avec liberté d'en rétrocéder partie à Henriette-Rosalie de Polastron, comtesse de Latour, sa fille et

(1) Arch. B.-P., section notariale. Mathieu Brascou, notaire. Actes de vente 1816-1817. L'arpent de Pau valait 0 h. 379, l'escat de Pau, 0 h. 00 a. 263. La surface du domaine avait été évaluée en arpents des Eaux et Forêts (l'arpent = 0 h. 51) au moment de l'afflèvement à 358 a. 28 perches (182 h. 96 a. 54).

(2) Arch. B.-P., C. 395.

(3) *Ibid.* — Jean-Baptiste-François-Gabriel, comte de Polastron, né en 1721, guillotiné le 25 messidor an II, colonel du régiment de la Couronne en 1745. Succéda à son père dans le gouvernement de Castillon et Castillonnais. Démissionnaire en 1758. A eu cinq enfants dont notamment Gabrielle-Yolande-Claude-Martine de Polastron, née à Paris le 8 septembre 1749, mariée le 7 janvier 1767 à Arnaud-Jules-François, comte puis duc de Polignac, maréchal de camp du régiment de Roi Cavalerie, écuyer de la Reine.

Adélaïde de Polastron, sa fille cadette ». Et il sollicitait l'incorporation dans la concession, du bois de Pau et des bouquets de bois épars dans le Pont Long, avec soustraction à la juridiction de la Maîtrise des Eaux et Forêts.

La concession était, paraît-il, déjà accordée au Comte de Polastron quand les habitants de la vallée d'Ossau, mis au courant, protestèrent et firent opposition, rappelant qu'ils étaient possesseurs du Pont Long de temps immémorial.

En même temps Laclède avait fait décider (voir plus haut page 32) que l'augmentation de la forêt royale du Larron et Barrail (forêt de Bastard) était nécessaire par incorporation d'une étendue contigüe de 154 arpents 18 perches en nature de landes appartenant à la vallée d'Ossau.

Or tout récemment, à peu près en même temps qu'avait lieu la concession de la forêt royale de l'Ousse à Laclède, le Roi avait concédé (arrêt du 11 septembre 1770) à Dominique Lassansaa, de Billère, qu'il « voulait traiter favorablement en considération de ce qu'il descendait du père nourricier d'Henry IV » 250 arpens dans le Pont Long. La vallée d'Ossau, propriétaire, avait fait opposition, mais par délibération du 5 mars 1772, avait consenti, moyennant révocation de l'arrêt précité, à concéder à Lassansaa cent arpens du Pont Long contre payement de 5 livres de fief annuel et pour des considérations particulières. (La concession Lassansaa devint plus tard propriété Manescau, puis Hatoulet). Un arrêt du Conseil du 15 septembre 1772 sanctionna cette délibération (1).

La concession de tout le Pont Long au comte de Polastron remettait donc en question les droits de propriété de la vallée d'Ossau sur ce territoire, et ne pouvait manquer de soulever des protestations énergiques; l'émotion fut considérable et le gouvernement royal ne put passer outre, le fait du prince pouvant avoir des conséquences sérieuses.

La réunion de 154 arpens 18 perches au bois de Bastard ne pouvait de même être acceptée sans protestation par les Ossalois; or elle avait été ordonnée par arrêt du Conseil du 1er décembre 1778 (2).

(1) Arch. B.-P., E. 2346 et *Mémoire pour la vallée d'Ossau contre l'État*, Pau, Imp. Véronèse, 1829, p. 27.

(2) Arch. B.-P., B. 4003, pp. 171-174 et 276.

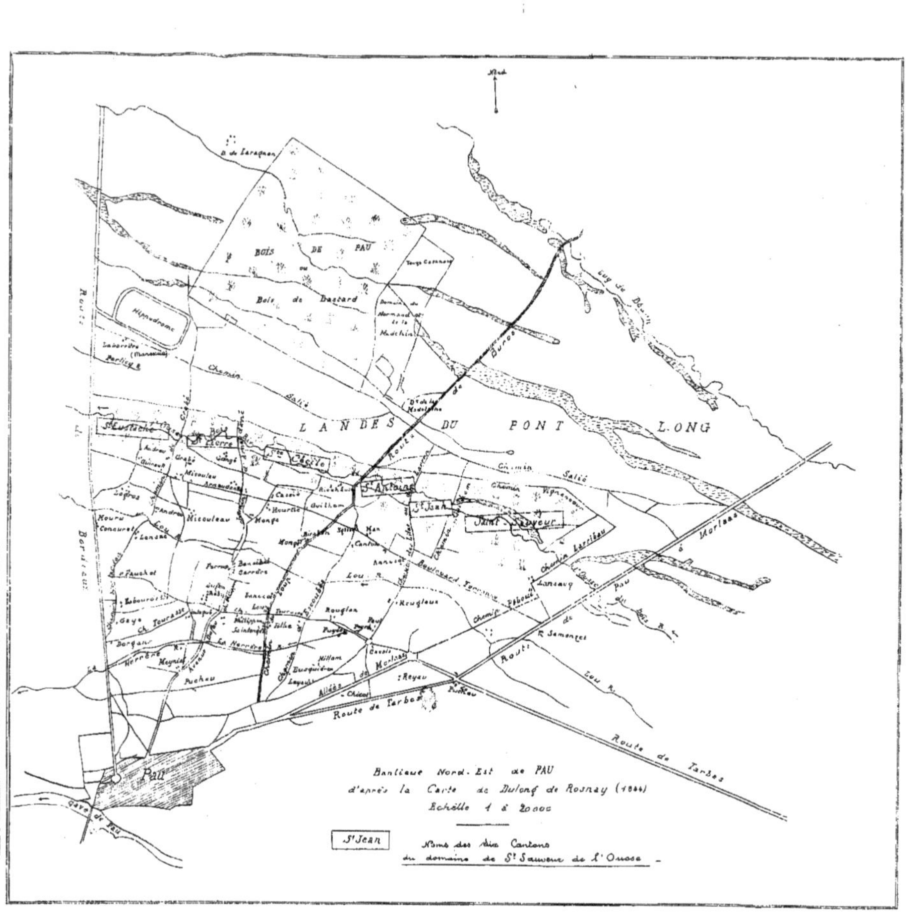
Nord
Bois de Pau
Bois de Bastard
Hippodrome
LANDES DU PONT LONG
Chemin Salié
St Eustache
St Antoine
St Jean
Saint-Sauveur
Nicouleau
Route de Tarbes
Pau
Gave de Pau
Banlieue Nord-Est de PAU
d'après la Carte de Dulong de Rosnay (1844)
Echelle 1 à 20000
St Jean
Noms des dix Cantons
du domaine de St Sauveur de l'Ousse

« Les Ossalois réclamèrent contre cet arrêt. Ils déclarèrent qu'ils ne prenaient point à grief d'être privés d'une portion de leur terrain; qu'ils en feraient même volontairement don, mais qu'ils voulaient faire consacrer leurs droits de propriété (1) » et ils rappelaient le précédent de la concession Lassansaa. Puis ils firent don à la Couronne des 154 arpens 18 perches à réunir à la forêt de Bastard, en adhérant à l'arrêt de réunion du 1er décembre 1778 par délibération du 10 avril 1779.

Cette décision habile mettait la Couronne dans l'obligation de consacrer les droits de propriété de la vallée d'Ossau et une enquête fut prescrite à cet effet. La Maîtrise des Eaux et Forêts en fut chargée.

Un arrêt du Conseil du 25 juillet 1780 ordonna aux habitants de la vallée de remettre incessamment leurs titres à M. de Bastard, Grand Maître des Eaux et Forêts du département de la Guyenne ou à celui des officiers de la Maîtrise particulière des lieux qu'il jugerait à propos de commettre à cet effet; il prescrivit que procès-verbal serait dressé de la remise de ces titres et des dires de la vallée; que le tout, accompagné de l'avis du Grand Maître, serait transmis au Conseil du Roi pour être ensuite ordonné par Sa Majesté ce qu'il appartiendrait.

Un autre arrêt du Conseil, du 23 septembre 1780, ordonna que les Communautés, qui prétendaient avoir des droits d'usage sur le Pont Long, remettraient aussi leurs titres devant le même commissaire (2).

De Bastard délégua Laclède pour remplir les fonctions de Commissaire enquêteur par ordonnance du 5 novembre 1780 (3).

Trois communautés refusèrent de présenter leurs titres : celles de Louvie-Juzon, de Bielle et de Sauvagnon. Un arrêt du Conseil du 31 janvier 1781, Sa Majesté y étant, cassa et annula ces oppositions et ordonna la présentation des titres sous peine de déchéance de tous droits sur les landes du Pont Long (4).

(1) *Mémoire pour la vallée d'Ossau*, 1829, p. 27.

(2) *Ibid.*, et Arch B.-P., B. 4003, p. 276.

(3) Arch. Pau, DD. 5.

(4) Arch. B.-P., B. 4003, p. 276 et *Mémoire pour la vallée d'Ossau*, 1829, Pièces justificatives, pp. 56-57.

Nous avons retrouvé les motifs du refus de la communauté de Louvie-Juzon. « Le Corps de la vallée, est-il dit dans une délibération de cette communauté, du 30 octobre 1780 (1), conviendra sans doute qu'il lui serait très préjudiciable de remettre et discuter ses titres sur la propriété du Pont Long par devant Monsieur le Maître particulier de la Maîtrise de Pau, tandis qu'il est de fait certain et avéré que le dit Maître particulier a surpris de concession des tènemens de fonds considérables dans le Pont Long au grand désavantage de la vallée et sans que celle-ci ait été entendue d'une manière légale, ni mise à portée de faire connaître les titres justificatifs de sa propriété, tandis que l'utilité de ces concessions tourne journellement au profit du Maître particulier, puisqu'il a fermé des tènemens immenses, etc ».

Ceci montre la rancune de certains ruraux contre les progrès culturaux réalisés par Laclède, mais a aussi un autre intérêt; on pourrait conclure de ce texte que la forêt royale de l'Ousse avait pu appartenir à la vallée d'Ossau ; or nous verrons, en 1791 et plus tard, la ville de Pau essayer de soutenir que cette même forêt de l'Ousse lui avait appartenu, à elle, de tout temps, alors que ses prétentions, soit à la propriété, soit aux usages de cette forêt avaient été écartées par les arrêts des 17 avril et 9 juillet 1771.

Quoi qu'il en soit, Laclède reçut communication des titres des habitants de la vallée d'Ossau, entendit leurs observations et en dressa procès-verbal; ce procès-verbal, commencé le 1er août 1781, fut clos le 26 du même mois (2).

Il dressa ensuite du 15 octobre au 24 novembre 1780 procès-verbal des titres et dires « des syndics, jurats et communautés prétendant des droits d'usage sur le territoire appelé Pont Long » (3).

Les résultats de l'enquête furent transmis au Conseil d'Etat avec l'avis du Grand Maître de Bastard, celui de Lorry, Ins-

(1) Arch. B.-P., E. 2346.

(2) *Mémoire pour la vallée d'Ossau*, 1829, Pièces justificatives, p. 55, et Arch. Pau, DD. 5 et DD. 6.

(3) *Ibid.*

pecteur Général des Domaines et les observations des administrateurs des domaines et bois. Le Conseil rendit son arrêt le 19 décembre 1782 (1). Voici la teneur de cet arrêt rendu sur le rapport de Moreau de Beaumont :

« Le Roi étant en son Conseil, a maintenu et maintient les habitans et communautés de la vallée d'Ossau dans la propriéte possession et jouissance de la lande du Pont Long, sauf les droits d'usage sur ladite lande, appartenant à différentes communautés, conformément aux titres de ces communautés; donne Sa Majesté acte auxdits habitans de la vallée d'Ossau de leur adhésion à l'arrêt du 1er décembre 1778, portée par leur délibération du 10 avril 1779, et à la réunion à la forêt du Larron et Barailh, dite forêt Bastard, appartenant à Sa Majesté, de cent cinquante quatre arpens, dix huit perches, de la dite lande du Pont Long; en conséquence, ordonne Sa Majesté que ledit arrêt du 1er décembre 1778 sera exécuté selon sa forme et teneur; ordonne en outre Sa Majesté que toutes questions mues pour raison des usages, entrepri ses, abus, délits et usurpations sur la dite lande du Pont Long, seront portées au siège de la Maîtrise particulière de Pau, sauf l'appel en la manière accoutumée, et sera le présent enregistré au greffe de la dite Maîtrise pour y avoir recours, si besoin est. Fait au Conseil d'état du Roi, Sa Majesté y étant, tenu à Versailles, le 19 décembre 1782. Signé : Gravier DE VERGENNES. »

Il n'était plus question de concéder le Pont Long à M. de Polastron.

L'arrêt était d'une importance capitale, puisqu'il reconnaissait solennellement les droits de propriété de la vallée d'Ossau, les droits d'usages des communautés riveraines du Pont Long, qu'il consacrait l'augmentation de surface de la forêt royale de Bastard et qu'il donnait pour l'avenir compétence à la Maîtrise particulière des Eaux et Forêts pour juger en premier ressort toutes les questions relatives au Pont Long.

Cette dernière clause était un hommage rendu à Laclède, une reconnaissance de son savoir de juriste et de son inté-

---

(1) Arch. B.-P., B. 4003 et Pau. DD. 6; *Mémoires pour la vallée d'Ossau* 1829, Pièces justificatives, pp. 46 à 59.

grité. De Laussat a écrit de lui à ce propos : « Il y emploia six mois du travail le plus assidu et le plus pénible. Il y traita avec profondeur la partie de notre *droit public du Béarn*, porta juqu'à la dernière évidence le point essentiel, c'est-à-dire en quoi il différait du *droit public de la France* à laquelle le *Béarn* régi par *sa Constitution* et par des lois propres et particulières n'avoit été réuni qu'en 1620 sous Louis XIII. C'est par là, c'est surtout par son exactitude, son intégrité, la pureté de ses sentiments, sa résistance inflexible aux motifs qu'on lui présentait de s'attirer la protection d'*une maison puissante* (1), disposée à faire tout pour lui, qu'on sauva *à la vallée* cette propriété si précaire dont le *concessionnaire* avait déjà traité avec une compagnie avide et cultivatrice et au *Béarn* la privation absolue du seul élément de ses moyens d'existence. »

L'affaire avait soulevé tant d'émotion que nous voyons Laclède, à peine la nouvelle du prononcé de l'arrêt lui était-elle parvenue, en faire part à un personnage qui devait être le syndic des Etats de Béarn, par lettre du 24 décembre 1782 (2) (l'arrêt était du 19).

« Je connais, monsieur, tout l'intérêt que vous prennès au bien de la province et jusques où votre zèle va pour le former; je m'empresse à vous apprendre que la vallée d'Ossau a été maintenue dans la propriété de la lande du Pont Long. Je suis retenu auprès de mon fils aîné qui a la petite vérole; sans cela j'aurais eu l'honneur de vous instruire moi-même d'une décision solennelle et bien importante pour l'agriculture ancienne et pour le commerce des bestiaux. »

Cette décision était en effet un triomphe du droit et de l'agriculture ancienne. Dans un mémoire écrit en 1781 par un administrateur des Eaux et Forêts, propriétaire riverain de la

(1) Il est probable que Mgr de Noé, évêque de Lescar, président des Etats de Béarn, conçut un certain ressentiment contre Laclède de l'échec de la demande de concession de son beau-frère de Polastron. C'est à partir de ce moment que les Etats suscitèrent des difficultés à la Maîtrise des Eaux et Forêts.

(2) Arch. B.-P., C. 1337.

lande du Pont Long, donc par Laclède, nous trouvons les raisons du maintien du Pont Long en cet état de lande, inférieur au point de vue agricole, mais nécessaire, au moins à l'époque et longtemps après.

« La population naît du travail et de l'aisance, l'agriculture donne l'un et l'autre, mais la base de cette agriculture doit être, dans le Béarn, le fumier; on ne peut avoir le fumier sans bétail et sans la quantité de thuie et fougère nécessaire pour suppléer aux pailles... Sous tous les points de vue la conservation de la lande du Pont Long dans son état... et sauvage est plus avantageux au Roy et à ses sujets qui si elle était deffrichée puisque elle anime les terres fertiles qui l'entourent et nourrit le commerce des bestiaux ».

On ne peut s'empêcher de remarquer une certaine contradiction entre cette explication et les efforts, couronnés de succès, faits par Laclède pour la mise en valeur du domaine de St Sauveur de l'Ousse, domaine aménagé, d'où la thuie n'était certes pas bannie, mais où elle était cantonnée et où l'élevage était des plus prospères.

Il y eut de temps à autre à partir de cette époque des faits de maraude ou des incursions de bétail dans le domaine de Laclède. Ces faits, imputables aux riverains, devaient être assez peu nombreux au début, étant donné que la Maîtrise des Eaux et Forêts était compétente pour connaître des délits de l'espèce. Le domaine était surveillé par des gardes assermentés devant la Maîtrise. C'est ainsi que Louis Poublan, Jean Candolle et Jean Larroudé, de Pau, avaient été préposés à cette surveillance par Laclède le 6 avril 1779; Arnaud Bernadot le 8 mai 1782; Pierre Lafitte, dit Grille, en remplacement de Bernadot révoqué, le 15 avril 1783 (1). Mais les paysans du hameau n'en étaient pas moins très mal disposés envers un homme qui avait eu le tort de les gêner dans ce qu'ils s'étaient habitués à considérer comme un droit, et de réussir dans des expériences culturales qui montraient le mal fondé de routines séculaires. La jalousie et l'envie couvaient et ne se manifestaient que par intervalles. Elles devinrent très vives à l'aube de la Révolution, comme nous allons le voir.

(1) Arch. B.-P., B. 4003, pp. 183 et suiv.

§ 4. *Requête de Laclède pour être reçu dans le corps de la noblesse.*

Jean de Laclède, ainsi qu'il a été dit, était noble, mais n'avait pas son entrée au corps de la noblesse. Vers la fin de 1788, il adressa une requête aux Etats de Béarn afin d'être reçu dans le corps de la noblesse, pour y avoir rang, séance et voix délibérative en qualité de maître et possesseur du fief de Saint-Sauveur de l'Ousse (1). La requête était appuyée d'observations qui étaient d'ordre juridique : « Toute terre anoblie à foi et hommage, disait-il notamment, porte dans son sein un droit qu'elle transmet au possesseur pour avoir séance et voix délibérative dans les assemblées des Etats généraux. A plus forte raison les mêmes honneurs et les mêmes droits sont-ils attachés à un fief noble qui par sa nature assujettit le vassal à foi et hommage. » Et il faisait valoir aussi le mérite de la mise en valeur du domaine : « Si la distinction des fiefs pouvait être calculée sur les avantages publics, celui de St Sauveur de l'Ousse aurait des droits puissans par les contenance et variété du sol, par le devoir du défrichement et déséchement, par la constance et les dépenses qu'il exige pour son administration, sauvage et hérissé de tuye, de bruyère et de jonc dans le principe; il commence à offrir à la Patrie des gerbes, des aromates, des bois et des expériences variées pour la circulation des eaux et la création des bois dans les terres garnies de plantes parasytes et meurtrières sans les défricher. C'est au zèle et au courage que le fief m'a inspiré par un caractère agreste et insurmontable aux yeux des préjugés que je dois le succès de mes entreprises et la protection dont le Gouvernement veut honorer mes travaux et mes vœux (2) ».

Les Etats, sur la proposition de M. de Lescar, nommèrent

(1) Un arrêt de la chambre des finances du Parlement de Navarre l'admit à rendre foi et hommage pour raison de la propriété de la terre et seigneurie de St-Sauveur de l'Ousse. Cf. Arch. B.-P., B. 5578, f° 64 v°.

(2) Cf. *Observations* de noble Jean de Laclède, seigneur de St-Sauveur de l'Ousse, Maître particulier des Eaux et Forêts, à l'appui de sa requête présentée aux Etats généraux de la souveraineté de Béarn sur les devoirs et les privilèges de son fief. (Pau, P. Daumon, Imprimeur du Roi, 1789, 13 pages.) (Reproduites dans le *Congrès Scientifique de France*, 1873, tome II, p. 415, Pau, Vignancour) et *Nouvelles observations* (du même), Pau, P. Daumon, 7 pages.

le 3 février 1789, une Commission pour examiner la requête Cette Commission était composée de MM. de Miussens, de Cosledaa, de Bernadets et de Sévignacq (1).

Les Etats se réunirent le 12 février 1789 (2). La Commission avait conclu, après examen de la requête, des mémoires de M. de Laclède et des règlements de 1704 et 1712, que le règlement de 1654 défendait, dans les termes les plus exprès et les plus absolus, d'admettre dans l'assemblée des états, les possesseurs d'autres noblesses que ceux qui, à la date de ce réglement, avaient un droit incontestable d'y entrer; les réglements suivants n'ayant porté aucune atteinte à cette disposition précise de celui de 1654, elle était en conséquence d'avis unanime que la demande de M. de Laclède ne pouvait être admise.

Les Etats conclurent de même. Les représentants du Tiers-Etat de Morlaas et d'Orthez se rallièrent à l'avis des premier et second états, en ayant regret de ne pouvoir admettre la demande de M. de Laclède en considération des peines et des travaux par lesquels il avait cherché à augmenter les richesses territoriales du pays, en défrichant et fertilisant une partie considérable d'un terrain autrefois inculte.

Laclède fit alors paraître de nouvelles observations dans lesquels il analysait succinctement les réglements de 1654, 1704 et 1712, dont il n'avait pas eu connaissance auparavant, au point de vue de l'affièvement et de l'appel aux assemblées des Etats (3).

L'affaire resta sans suite en raison des événements révolutionnaires qui se précipitaient.

§ 5. *Laclède au début de la Révolution. — Dévastation de son domaine.*

Dans l'assemblée générale des notables, corps de ville, députés de tous ordres, tenue à Pau, le 4 janvier 1789, en vue des Etats généraux, de Laclède figura comme député de sa

(1) Arch. B.-P., C. 825, pp. 228 et suiv.

(2) *Ibid.*

(3) Cf. *Observations* de noble Jean de Laclède, seigneur de St-Sauveur de l'Ousse, Maître particulier des Eaux et Forêts, sur les réglements des Etats généraux de la souveraineté de Béarn des années 1654, 1704 et 1712, Pau, P. Daumon, 1789.

juridiction parmi les députés des corps et classes (1). Il était député de la vallée d'Aspe (2) et prêta serment avec de Sarthopon.

Le 2 mai, à six heures du soir, son hôtel fut envahi par une troupe de paysans des hameaux et de tisserands du faubourg de la Porte Neuve, armés de bâtons, qui venaient lui réclamer l'élargissement d'un nommé Biraben, du hameau, emprisonné par ordre du procureur de la Maîtrise des Eaux et Forêts pour rébellion à un garde général dans le domaine de St-Sauveur de l'Ousse. Non sans peine, au milieu de l'effervescence créée aux alentours de l'hôtel et dans l'hôtel par cet attroupement, Laclède parvint à les éloigner en leur déclarant par écrit qu'il n'avait pas donné l'ordre de l'arrestation. Il dressa procès-verbal de l'incident et nota parmi les énergumènes les nommés Monge, Pichon père et fils marié avec la fille de Thibaut Puyo premier cadet, Hourtic, Guilhem, Filhe, tous paysans du hameau de Pau (3).

Qu'avait fait le nommé Biraben? Evidemment, comme beaucoup de paysans du hameau, il avait dû enlever des barrières, détruire la clôture, c'est-à-dire les fossés, et introduire des bestiaux dans le domaine de St-Sauveur. « Ces entreprises étaient fréquemment répétées; mais elles furent portées plus loin au commencement de 1789, écrivit plus tard Laclède (4), les Fossés furent abatus avec plus de force que jamais, les Barrières enlevées, les Bestiaux de toute espèce introduits et gardés, même à main armée, les jeunes semis de bois, les arbres plantés à la main, les champs, les prés ravagés, des coupes faites; on mit le feu, le 26 avril, à des parties de Bois et de Touyas qui furent dévorés par la flamme ». Plainte fut portée à la justice le 6 mai, les délits furent constatés le lendemain et l'information commencée. L'invasion de l'hôtel de Laclède par les paysans ameutés avait eu lieu le 2 mai, peu

(1) Cf. E. Garet. *Histoire du Béarn*, 1911, p. 93.

(2) Arch. B.-P., C. 827, p. 56 et C. 826, f° 49 v°.

(3) *Ibid.*, B. 4186.

(4) Cf. Requête Laclède du 9 vendémiaire, an VII; *Extrait du registre du Bureau de paix et de conciliation de la commune de Pau* du 12 vendémiaire, an VII (30 septembre 1798), 12 pages. Bibl. ville de Pau, Histoire locale, X, 209.

de jours après l'incendie allume à St-Sauveur de l'Ousse. A la suite de sa plainte, certaines arrestations eurent lieu; mais en raison de l'échauffement général des esprits et de la désagrégation des éléments d'autorité, elles ne furent point suivies de jugements; c'est ainsi que le 30 mai, de Prat, lieutenant de la Maîtrise, constate par procès-verbal que Roquehort, géôlier de la prison, n'a pas voulu faire conduire le prisonnier, nommé Pichon, du hameau de Pau, à l'audience du siège de la Maîtrise pour être interrogé (1). Aussi les attentats contre le domaine continuèrent-ils, pour aller en s'aggravant, comme nous allons le voir, vers la fin de l'année.

Par arrêté du 12 août 1789, Laclède avait été désigné comme commissaire du quartier de la Fontaine pour faire régner l'ordre dans la ville de Pau. Le 21 octobre, il renonça à ses droits féodaux (2), en même temps que d'Espalungue, député de la vallée d'Ossau; les Etats s'étant réunis pour examiner la question des privilèges féodaux. M. d'Espalungue renonça à tous ses privilèges, « droits féodaux très minces et qui forment une propriété bien sacrée, disait-il, puisqu'ils m'ont été transmis par mes ancêtres comme un patrimoine depuis environ trois siècles. Il me reste les regrets de n'avoir pas plus de grands sacrifices à faire, mais, Messieurs, veuillez considérer, je vous prie, que c'est beaucoup offrir que d'offrir tout ce que l'on a. »

La renonciation de Laclède est relatée en ces termes. « Aspe. M. de Laclède, l'un de MM. lous Deputats deu val d'Aspe, aban d'oubrir son abis, en sa qualitat de deputat, a declarat que proprietary deu domany appellat St-Sauveur de l'Ousse, luy fée l'abbandon deus drets feodaux deu d. domany, sus la fée de l'indemnitat, reserves et clauses, qui seran determinades per lous drets féodaux de la Souveranitat de Bearn ».

Elle fut le signal d'une recrudescence de délits dans sa propriété. Mais il fut absent de Pau jusqu'à la fin de l'année ainsi qu'il résulte de la déclaration ci-après, qu'il fit en vue de la contribution patriotique.

Led. jour devant nous d. Com^re^ s'est présenté Jean de Laclède de la parroisse de Bedous, vallée d'Aspe, conseiller du Roy, Maître

(1) Arch. B.-P., B. 4186.

(2) *Ibid.*, C. 827, p. 56. Délib. des Etats du 21 octobre 1789.

particulier des Eaux et Forêts de la province de Béarn, pays de Soule et Navarre, lequel a fait la déclaration suivante :

Je déclare avec vérité qu'étant parti pour Bedous le 20 octobre dernier pour la récolte et des affaires domestiques, ji aurois été retenu les mois de novembre et décembre par des circonstances, en sorte que le tems fixé par la loy pour donner la déclaration de la contribution patriotique allant échoir, je me serois présenté devant les officiers municipaux de Bedous le 18 décembre, et aurois fait une déclaration sur le registre pour exprimer mon empressement à remplir le vœu du décret de l'assemblée nationale sanctionné par le Roy et le zèle qui m'anime pour la patrie; je me suis d'autant plus déterminé dans les circonstances où je me trouvois à consigner les sentimens sur le registre de la com[munau]té de Bedous, que c'est le lieu de ma naissance, qui ji ay le bien patrimonial, et que ji paye la capitation; mais comme mon domicile d'état est dans la ville de Pau, siège de la Maîtrise des Eaux et Forêts et que ji paye la capitation, comme à Bedous, que je n'ay pu me rendre que le cinq janvier et que le tems de la soumission du don patriotique a été prolongé, j'ai cru devoir faire la présente déclaration sur le registre de la ville de Pau pour la gloire de la vérité et y transcrire celle que j'ay fait le 18 décembre dernier devant les officiers municipaux de Bedous, elle est mot à mot ce qui suit : Je, Jean de Laclède de la parroisse de Bedous, vallée d'Aspe, conseiller du Roy, M[e] particulier des eaux et forêts de la province de Béarn, païs de Soule et Navarre, déclare en vérité que la somme de sept cent cinquante livres dont je contribueray aux besoins de l'état excède la proportion déterminée par le décret de l'assemblée nationale. A Bedous le 15 décembre 1789. Signé : LACLÈDE; la déclaration ci-dessus il a déclaré être véritable et a signé avec nous Com[re] et greffier, ajoutant qu'il désigne pour user de ses droits après lui le sieur Pierre Laclède, son fils aîné.

Signé : LACLÈDE; BROUCARET, *commissaire*; GADY, *greffier* (1).

A partir de son retour les dévastations du domaine de St-Sauveur de l'Ousse devinrent plus marquées et l'histoire nous en est conservée dans les Archives de la ville de Pau.

(1) Arch. Pau. Bibl. de la ville, E. supp. CC. 154, feuillets 76 v° et 77.

Les 20-21 mars 1790 un incendie allumé dans la forêt royale de Bastard est signalé au Corps municipal par Lambert, procureur de la commune, sur procès-verbaux dressés par des officiers municipaux; le Corps municipal désigne une commission d'enquête pour en rechercher les auteurs (1).

Le Corps municipal aurait certainement préféré ne pas intervenir à ce moment dans la police du Pont Long en raison de la surexcitation des habitants du hameau; mais les constatations auxquelles faisait procéder Laclède des dégâts commis, tant dans la forêt de Bastard que dans son domaine de l'Ousse, et les protestations répétées qu'il adressait, les observations que Parent de Chassy (2), président du Comité des Domaines et Bois à l'Assemblée nationale, adressait au Corps municipal, obligeaient celui-ci à ne pas rester inactif.

La lecture des délibérations prises successivement par ce dernier est tout à fait suggestive et nous montre par le détail les dévastations commises et la lutte engagée par Laclède contre les délinquants.

Délibérations de la Ville de Pau.

I.

Assemblée du Corps Municipal de Pau du 7 juillet 1790

M. le Maire a fait raport que Mr Pommiès, secrétaire greffier, lui a remis copie d'un acte extrajudiciaire signiffié en sa personne au Corps Municipal le 5 du présent mois de la part de M. de Laclède, Mr particulier des Eaux et Forêts; duquel acte ayant été fait lecture, il a observé que ni les lois invoquées par M. de Laclède, ni la suite des faits qui ont précédé, ni enfin les raisons prises des localités, ne paroissent point autoriser les protestations non plus que les effets qu'il paroit en attendre. La Municipalité a déjà manifesté à ce citoyen dans plusieurs rencontres, et de la manière la moins équivoque, l'intérêt qu'elle faisoit à la conservation de ses propriétés; mais jamais il n'a deu croire que la surveillance publique pût tenir la place et le dispenser lui-même de la surveillance plus spéciale que tout particulier doit à ses propres possessions; en général, l'inspection du Corps municipal sur les intérêts individuels

(1) Arch. Pau, FF. 30, pp. 79 et suiv.

(2) *Ibid.*, BB. p. 141.

peut moins s'appliquer à prévenir les événemens qui seroient dans le cas de les blesser, et qui ne sçauroient point être tous prévus, qu'à écarter la violence, et à en arrêter les progrès lorsque il en est instruit par lui-même, ou par les réquisitions que les intéressés lui font parvenir; encore le corps n'est-il allors tenu d'employer d'autres moyens que ceux que la confiance publique met en son pouvoir; comme M. de Laclède en convient; or il ne peut pas prétendre que ceux de cette dernière espèce lui ayant été refusés, il seroit inutile de s'occuper de ceux qui auroient trait à sa sûreté personnelle, attendu que depuis que le Corps municipal est en fonctions, il n'est pas venu à sa connaissance qu'elle ait été menacée; et que si M. de Laclède en parle aujourd'hui, pour la première fois, il ne précise en aucune manière le sujet particulier de ce genre d'alarme; mais quant à ceux qui tiennent à la conservation de ses possessions, la municipalité doit se rapeller qu'au moment même où un incendie si dévelopa vers le mois de mars, la municipalité y envoya, soit un détachement de la garde nationale, soit les cavaliers de maréchaussée qui y portèrent les secours les plus efficaces, que M. Feschenx, officier municipal, si transporta également pour dresser un procès-verbal et qu'une information feut ordonnée le 23 du même mois; que c'est ce qu'elle observe en conséquence dans une lettre du 12 avril responsive à une autre en datte du 23 mars qui lui avait été adressée par M. Parent de Chassy, président du Comité des Domaines; elle ne s'était pas bornée dans l'intervalle à cet unique soin, puisque elle avait nommé quatre commissaires qui feurent MM. de Casebonne, Mayniel-Meuilh, Fechenx et Saintongès pour s'occuper des moyens propres à garantir d'une manière suivie les possessions du hameau des divers genres de dévastation auxquelles elles étaient exposées, objet qui ne pouvait point être rempli par la troupe déjà formée, et plus particulièrement consacrée à la garde de la ville. MM. les Commissaires firent convoquer pour le 24 mars une assemblée générale des laboureurs du hameau chez M. Saintongès, un d'entr'eux qui y réside, et si étant rendus, ils y passèrent toute la journée pour engager les habitants de ce quartier à se former en corps de troupe spécialement destinée à la protection des propriétés, tant publiques que privées du hameau; ils parvinrent à leur faire adopter ce parti et ils prirent ensuite de concert des arrangements avec l'état-major de la troupe de la ville pour donner la meilleure organisation à ce nouveau corps; mais dès la première assemblée, les opinions de ces habitans changèrent et il feut impossible de les ramener allors à ce qui avoit été d'abord déterminé. ces mesures, et toutes celles que le corps municipal peut prendre d'ailleurs, furent communiquées à M. de Laclède qui parut les approuver. Et ce concours est justifié tant par deux nouvelles lettres de M. Parent de Chassy en datte des 5 avril et 15 may, que par deux autres que la municipalité lui écrivit en réponse les 16 avril et 17 may; l'acte lui-même qui vient d'être lu atteste qu'il a été fait d'autres démarches et donné d'autres ordres dans l'intérêt du réclamant. et l'on ne peut pas se dissimuler qu'avec la grande étendue de ses possessions, à la distance à laquelle elles se trouvent de la ville, les moyens les plus assurés affin qu'elles fussent respectées paraissent être entre les mains de M. de Laclède; ils sembleront consister, d'un cotté à ce qu'à la suite du grand nombre de témoins qu'il a fait entendre devant divers tribunaux, il eut fait dire droit sur ces procédures affin que les délinquants intimidés par les préparatoires qui auraient été mis en usage devinsent plus circonspects à l'avenir; d'autre part à ce qu'il eut établi lui-même sur son domaine une surveillance suivie, sauf dans le cas où elle deviendrait insufisante, à implorer alors le secours de l'autorité et de la force publique; cependant, comme abstraction faitte de toute autre considération, il est dans les principes de la municipalité de ne rien négliger de ce qui pourrait contribuer au bien être et avantage tant du public que des particuliers, il ni auroit point d'inconvénient à ce qu'il feut de nouveau nommé des commissaires affin d'aviser à tous les moyens praticables de remplir ce but dans l'intérêt de M. de Laclède, même de l'écouter et interpeller sur tous ceux qu'il prétendrait en être susceptibles, soit parmi ceux qui ont été déjà mis en œuvre, soit dans le nombre de ceux qui pourraient être encore proposés, et à cet effet M. le Maire engagerait M. de Lassus, Casebonne et Saintongès de se charger de cette Commission, ce qui a été accepté unanimement; en conséquence le présent procès-verbal en demeure expressément chargé de même que de tous les autres faits ramenés ci-dessus.

Signé : NAVAILLES, *maire* (1).

---

(1) Arch. Pau, BB. 23, pp. 188 et suiv.

2.

Assemblée du Corps Municipal de Pau du 28 juillet 1790 sur les réclamations de M. de Laclède (1).

On y expose que Casebonne, Saintongès, Biraben, substitut du procureur de la Commune et Bellocq, autre officier municipal, ont été le 18 au Hameau, ont réussi à convaincre 70 particuliers du Hameau de faire une compagnie de garde. Casebonne, Mayniel-Meuilh, Liévin, le 25, réussissent à faire adopter un réglement, à créer des officiers et à faire prêter serment à cette troupe.

Laclède vient néanmoins de faire signifier trois actes au Corps Municipal.

« Le Corps Municipal aime mieux attribuer les expressions peu mesurées que M. Laclède employe dans ces trois actes à une sensibilité exaltée par des pertes répétées qu'à un esprit d'injure, mais considérant qu'il n'est pas non plus de la dignité du corps de les passer sous silence, qu'aucun motif n'a pu autoriser ce citoyen à se récrier comme il l'a fait dans l'acte du 26 sur l'*inaction* de l'autorité, à déclarer dans celui du 27 *que les menaces faites et dénoncées différentes fois se réalisent insensiblement dans le silence des loix et l'inaction de l'autorité confiée à la municipalité*, à y parler *d'une opinion populaire croissant dans les hameaux pour tout faire impunément* tandis que MM. les commissaires y ont répandu des principes bien différents et pris des mesures qui ont un but tout opposé; enfin à disserter dans l'acte de ce jour sur une *force publique à mettre en activité et dont l'autorité municipale seroit le ressort comme le garant*, à se permettre même une inculpation assez caractérisée dans cette assertion que *ses réclamations multipliées et sous tous les modes pour la conservation et la sûreté d'une propriété que la loy rend sacrée, loin d'opposer une digue au torrent qui le déchire et détruit, ne font que le rendre plus furieux et plus indomptable*; qu'une observation qui sera commune à ces trois actes est que, dans tous, il indique des Paysans des hameaux comme les auteurs des introductions des bestiaux et domages causés à des bois naissans, qui forment la principale base de ses nouvelles plaintes, à la suite desquelles il ne précise aucune réquisition, mais qu'il s'en infère toujours qu'il doit alors connoitre les coupables, qu'il peut les tra-

(1) Arch. Pau, BB. 23, pp. 195 et suiv.

duire devant les Tribunaux, dans celui de la Maîtrise dont il est le chef, comme dans tout autre et que l'accès d'aucun ne lui est interdit; considérant sur le tout que M. Laclède dans ses diverses réclamations qui peuvent intéresser par le récit de ses maux, mais non pas conduire à rien d'utile puisqu'elles n'ont pas d'objet fixe, devroit appercevoir qu'à ne partir même que de la concession dont il est porteur, ses possessions ont une étendue d'environ trois cent soixante quinze arpents, que la nature du local répugne dans certains endroits à ce que ses clotures ayent toute la solidité convenable; qu'à la distance d'environ trois mille toises où ses possessions se trouvent de la ville et dans leur isolement de toute grande masse de population, la garde nationale toute entière et plus particulièrement consacrée à la sureté de la ville, ne pourroit être détournée de ce soin dans son intérêt qu'avec le désagrément de ne pas pouvoir encore le prémunir contre toute incursion, indépendamment des frais qu'un déplacement aussi marqué ne manqueroit pas d'entraîner. Qu'aucun des secours de détail dont les circonstances ont été susceptibles ne lui a été refusé; que sur sa demande, M. le Maire, dans une circonstance, antérieure au procès-verbal du 7 du présent mois, donna des ordres à la maréchaussée et au guet de se rendre sur les possessions de M. Laclède pour donner toute mainforte qui seroit requise, que la maréchaussée et le guet patrouillèrent toute la nuit sans utilité puisque les préposés de M. Laclède ne lui firent aucune réquisition. Sur quoi il demeura arrêté que dans les conjonctures où la municipalité se trouve, il ne lui reste plus qu'à faire connoitre au Comité des Domaines qui avoit déjà interposé ses bons offices entre elle et M. Laclède, combien elle est sensible aux procédés qui viennent d'être détaillés et qu'à le prier de l'en mettre dorénavant à l'abri, soit en indiquant à M. Laclède le mode et les termes les plus convenables à ses réquisitoires ultérieurs, soit en lui fournissant à elle même les moyens de les réprimer lorsqu'elles excèderoient les moyens déterminés par la Loy. Au surplus que la municipalité et chacun de ses membres seront toujours disposés à faire les constatations que M. Laclède désirera, à lui faire donner mainforte pour arrêter des délinquants pourvu qu'il en prévienne la municipalité à tems, même à prendre les mesures qui dépendront de son pouvoir pour établir une garde permanente sur ses possessions, s'il la désire, à la charge par lui de pourvoir aux frais.

« Signé : NAVAILLES, *maire* .»

3.

Autre délibération : Commissaires pour examiner divers actes signifiés par M. Laclède (1).

M. de Maluquer dit que M. de Laclède Maître particulier de la Maîtrise des Eaux et Forêts, a fait signifier divers actes à la municipalité depuis le 5 juillet dernier, pour se plaindre des attentats commis dans ses possessions du domaine St Sauveur de l'Ousse où l'on cause journellement des dégâts considérables dont led. sieur de Laclède prétend rendre responsable la municipalité; comme ces actes sont multipliés et étendus, que MM. les officiers municipaux ont dressé des procès-verbaux là dessus et que la matière est très importante, il paraît convenable de nommer une Commission pour examiner le tout, en rendre compte et donner son avis pour y délibérer dans une autre assemblée. Sur quoi, après avoir entendu le substitut du procureur de la commune, il a été arrêté de l'avis de la proposition et pour commissaires ont été nommés MM. Lassus et Couat, officiers municipaux, Auture et Lassallette, notables. Signé : MALUQUER, *officier municipal.*

4.

Autre délibération, 6 décembre : Commissaires pour se transporter au Pont long sur les propriétés du sieur Laclède, à l'effet d'y faire cesser les entreprises qu'on y commet.

L'an 1790 et le 6 décembre, en assemblée du Corps municipal, séans Messieurs Navailles, maire, Lassus, Pène Gaureret, Couat, Auture, Lassalette, officiers municipaux et Labat, procureur de la commune, il a été fait raport du procès-verbal dressé par le sieur Dubosq, lieutenant du guet, qui avoit été envoyé le même jour vers midy au Pont Long pour veriffier, sur la plainte verbale du sieur Laclède, si réellement on dévastoit ses possessions. Il est résulté de ce procès-verbal que plus de cent personnes fauchoient dans les propriétés de ce particulier et que les menaces qui ont été faites au lieutenant du guet et à ses soldats l'ont empêché de reconnoître quelqu'un des malfaiteurs; sur quoi le procureur de la commune, vu la nécessité de remédier au plus tôt à de si grands désordres, a conclu qu'il seroit nommé un com^re^ pour arrêter les entreprises et les délinquans, de même que pour constater les dévastations faites dans les propriétés du sieur de Laclède et qu'à cet effet il seroit

(1) Arch. Pau, BB. 23, p. 202.

demandé mainforte au commandant de la garde nationale pour assister led. Commissaire dans les opérations et repousser la violence dans un cas de nécessité; sur quoi il a été arrêté que M. Lassalette, officier municipal, est nommé commissaire pour se transporter, demain matin, au Pont Long, dans les propriétés du sieur Laclède à l'effet de faire cesser les entreprises et arrêter les délinquants ainsi que de constater les dévastations faites, et qu'à cet effet le s[r] Suzamicq, colonel commandant, est requis de fournir deux cent cinquante hommes de gardes nationales, lesquels prêteront mainforte aud. commissaire en cas de violence. Signé : NAVAILLES, *maire* (1).

5.

Assemblée du Corps municipal du 8 décembre 1790 (2). M. Lassallette, officier municipal a raporté qu'en exécution de la délibération du 6 de ce mois, il se transporta le lendemain avec un détachement de deux cent cinquante hommes de la garde nationale du Berceau de Henry IV, commandé par le sieur Suzamicq, colonel, et avec des archers du guet, sur les possessions du sieur Lacèlde au Pont Long, il dressa son procès-verbal de toutes les verifications et constatations par lui faites et il en fait raport pour en instruire le Corps municipal. Sur quoi lecture en ayant été faite et après avoir ouï M. le procureur de la commune, il a été arrêté que led. procès-verbal demeurera déposé au greffe de la municipalité et qu'il en sera délivré des expéditions aud. sieur Laclède par le secrétaire greffier lorsqu'il le requerra. Signé : NAVAILLES, *maire*.

6.

Assemblée du Corps municipal du 23 janvier 1791 (3). Sur l'avertissement donné à la municipalité qu'il y a dans quelques maisons des fauxbourgs des pièces de bois que l'on présume avoir été coupées et volées dans les possessions du sieur Laclède au Pont Long il a été arrêté, ouï et ce requérant le procureur de la commune, que M. Laterrade, officier municipal, commissaire à ces fins député, est prié de se transporter dans les maisons qui lui seront indiquées pour faire telles vérifications et constatations qu'il trouvera convenables et en dresser procès-verbal. Signé : NAVAILLES, *maire*.

---

(1) Arch. Pau, BB. 23, pp. 249-250.

(2) Arch. Pau, BB. 23, p. 256.

(3) *Ibid.*, 23, p. 280.

Le 1er février 1791 le Corps municipal se préoccupe de trouver les moyens de faire révoquer la concession Laclède. Nous y reviendrons plus loin.

Le 2 février, le Corps municipal, à la suite d'actes de Laclède signifiant qu'il ne reste, le 25 janvier, dans les bâtiments de St Sauveur de l'Ousse qu'un banc à la cuisine, une certaine quantité de boisage sous un apenti et une grande quantité de foin et de paille dans les granges et que tout était à l'abandon et sans garde par la fuite forcée des domestiques, ordonne qu'Auture, officier municipal, se transportera le lendemain matin avec ouvriers et bouviers pour faire enlever les fourrages du sieur Laclède et les faire déposer dans les maisons ou granges les plus voisines pour les faire garder jusqu'à nouvel ordre (1).

Le 14 février, Auture rend compte qu'il a transporté le foin, un nombre considérable de pièces de bois de charpente, quelques portes et contrevents déplacés, quelques instruments aratoires et autres objets, le tout chez les nommés Trouilh dit Pucheu et Cambot, laboureur, qui s'en sont rendus commandataires. L'opération a duré sept jours. Frais : 285 livres, 3 sols, 9 deniers à répéter sur Laclède (2). Le mandat fut délivré par le syndic receveur de Pau, le 22 février (3).

Le 15 mars, un mandat de 7 livres 12 sols 6 deniers est délivré par le syndic receveur au sieur Gady pour les frais du procès-verbal fait le 8 du mois par M. Auture, officier municipal, chez M. Laclède au Pont Long sans préjudice de répéter la dite somme sur ledit sieur Laclède (4).

Le 30 avril 1791 (5), Cannet, procureur de la Maîtrise et Laclède, Maître particulier, ayant signalé les dévastations commises au bois de Bastard, on requiert 50 hommes de la garde nationale pour faire régner l'ordre. Ce détachement reçoit une indemnité le 30 mai (6).

(1) Arch. Mairie de Pau, D. 5, pp. 10-11.
(2) *Ibid.*, pp. 21-22.
(3) Arch. Pau, CC. 152, p. 155 v°.
(4) *Ibid.*, p. 156.
(5) Arch. Mairie de Pau, D. 5, p. 53.
(6) Arch. Pau, CC. 152, p. 156.

Le 4 mai (1), nouvelles dévastations chez Laclède. On a transporté pendant la nuit trois poutres dans la maison Portarrieu, de Bisanos, appartenant à Vignau, de Billère. On prévient la municipalité de Bisanos et Auture, officier municipal, est nommé pour faire les constatations utiles. Et le 28 mai le syndic receveur délivre à Auture un mandat de 92 l. 4 sols pour l'employer à payer les ouvriers, chartiers et autres dépenses relatives à l'enlèvement, transports et dépôt des boisages, pierres de taille et autres objets de la maison du sieur Laclède au domaine de l'Ousse suivant l'état annexé au procès-verbal dressé par Auture les 13, 17 et 18 may, sans préjudice de répéter la d. somme contre le d. s[r] Laclède (2).

Le 20 septembre, le Corps municipal fait une proclamation rappelant que l'Assemblée Nationale a été affligée des délits qui se sont commis dans les bois particuliers et royaux, a mis les forêts sous la sauvegarde de la Loy et imposé aux Tribunaux, assemblées administratives et municipalités la plus scrupuleuse surveillance de ces objets. Il règle la dévète des landes générales du Pont Long, c'est-à-dire l'enlèvement du soutrage pour la période du 3 au 15 octobre et « fait inhibition et défense à qui que ce soit de couper du bois ni soutrage dans les bois de l'Ousse et du Larron, sous les peines rigoureuses portées par la loi » (3).

Le 30 octobre, le procureur de la Commune dénonce au Corps municipal des coupes délictueuses faites dans le bois de Pau (4).

Le 2 janvier 1792, des Commissaires sont nommés pour constater et saisir les bois enlevés en délit de la forêt de Bastard (5).

Le 14 janvier, Liévin, major de la garde nationale, parle des transports qu'il a fait faire des bois coupés en délit dans la forêt royalle de Bastard et aussi dans les possessions du sieur

(1) Arch. Mairie de Pau, D. 5, p. 55.
(2) Arch. Pau, CC. 152, p. 159.
(3) Arch. Pau, FF. 30, pp. 188-190.
(4) Arch. Mairie de Pau, D. 5, pp. 130-131.
(5) *Ibid.*, pp. 169-170.

Laclède (1) suivant ses procès-verbaux des 4, 5, 7 et 9 janvier (2).

Le 9 février, le procureur de la commune requiert que la gendarmerie nationale se transporte au bois du Larron pour surprendre les délinquants qui enlèvent bois et soutrage. Le Corps municipal prescrit la réquisition (3).

Le 17 septembre, le Corps municipal règle la devète des landes du Pont Long et répète les mêmes défenses concernant les bois de l'Ousse et du Larron (4).

Le 24 février 1793, on signale que des malveillans dévastent chaque jour les possessions communales, notamment le bois situé près de l'Ousse, parsan de Lacaussade, et le Corps municipal prescrit de dresser procès-verbal et de transporter les produits coupés (5).

Le 18e jour du second mois de l'an II, le procureur de la Commune signale la nécessité de faire recéper le bois de Pau « en nature de taillis » qui a été dévasté depuis plusieurs années. Le recépage fournira des ressources (6).

Le 23 septembre 1793, le Corps municipal règle derechef la devète du Pont Long et répète les défenses relatives aux bois de l'Ousse et du Larron (7).

L'énumération de tous ces faits nous permet de suivre les progrès de la dévastation du domaine de St Sauveur de l'Ousse depuis 1789 et nous montre l'impuissance des pouvoirs publics à y porter remède; tout se passait en constatations, en nominations de commissaires; pas une fois en quatre ans on n'a sévi contre les délinquants, alors que cela eut été facile si le principe d'autorité avait encore été respecté; il paraît impossible d'admettre qu'en voyant cent personnes occupées à faucher dans les prés de Laclède le 6 décembre à midi, le lieutenant du guet Dubosq n'en eût reconnu aucune.

---

(1) Arch. Mairie de Pau, D. 5, pp. 174-176.

(2) *Extrait du Registre du Bureau de Paix et de Conciliation de la Commune de Pau*, 9 *vendémiaire, an* 7, p. 2.

(3) Arch. Pau, FF. 30, p. 209.

(4) *Ibid.*, p. 259.

(5) Arch. Mairie de Pau, D. 6, p. 106.

(6) *Ibid.*, p. 240.

(7) Arch. Pau, FF. 30, p. 291.

Les efforts de Laclède, pour se faire rendre justice, au milieu du désarroi général, sont tout à fait dignes d'admiration. Mais tout était contre lui, ainsi qu'il résulte des termes de la requête qu'il formula plus tard devant le Bureau de paix et conciliation de Pau (1).

« Les attentats furent renouvellés dans le cours de la même année (1789) et continués avec tant de force et d'audace en 1790 et 1791, que le comparant se trouvant dans l'impuissance de les faire cesser, fut obligé d'abandonner sa propriété : alors les bâtiments furent attaqués et démolis en partie, les matériaux, ses fourrages, ses meubles, ses effets furent pillés et enlevés.

« Ces nouveaux excès ayant été constatés par des procès-verbaux, le Tribunal du ci-devant district de Pau, par ses jugements des 29 mars et 9 août 1791, permit au comparant de continuer son information devant un des juges.

« Ce Commissaire après avoir pris la déposition de quelques témoins suspendit et clôtura d'office l'information sur le fondement de la loi du 15 septembre concernant l'amnistie pour délits révolutionnaires. Il la remit ensuite au Tribunal du District, qui, d'office encore, rendit le 29 novembre de la même année 1791 un jugement par lequel il « unit toutes les procédures et informations et attendu les dispositions de la loi sur l'amnistie du 15 septembre, pour l'intérêt public, déclare lesdites procédures et informations abolies et n'y avoir lieu de continuer à procéder criminellement sans préjudice au comparant d'agir ainsi qu'il l'aviserait pour son intérêt particulier, à raison des faits dont est question, auquel effet lesdites procédures demeureront converties en enquêtes, les exceptions des parties civiles au contraire demeurant dans leur entier, dépens réservés. Loin de s'arrêter et de rendre grâces au Tribunal qui leur appliquait l'amnistie, les auteurs des délits montrèrent encore plus d'audace. La dévastation fut portée à son comble, les coupes de bois réitérées, la démolition des bâtimens continuée, les matériaux et les boisages enlevés. »

---

(1) *Extrait du registre du bureau de paix et conciliation de la commune de Pau du 9 vendémiaire an 7*, pp. 1 et 2.

Laclède, ruiné (il avait emprunté pour mettre en valeur son domaine), menacé dans sa vie, ne pouvait en cette période de bouleversements songer à la voie civile pour obtenir justice. Il se retira dans sa propriété de Bedous.

§ 6. *L'affièvement de la forêt de l'Ousse. Discussion de sa validité.*

La validité de l'affièvement de la forêt de l'Ousse consenti en 1770 à Laclède fut, comme il était à prévoir, remise en discussion. Le 1er février 1791, Lubat, procureur de la commune, fit au Corps Municipal de Pau l'historique de la concession et conclut à sa révocation. « Ce fut par erreur que les bois du Larron et de Lousse, disait-il, furent déclarés appartenir au Roy dans le 17e siècle; les titres incontestables et la possession la plus soutenue et la plus reculée qui établissent en faveur de la ville cette propriété, *ou du moins ces usages*, surtout dans le bois de Lousse, l'inexécution des jugements de 1673-86-88 à l'égard de ce dernier bois et la continuité de la possession de la ville jusqu'au moment de la concession faite au sieur Laclède sous le nom du Sr Casenave, toutes les circonstances doivent faire espérer à la ville d'être réintégrée dans ses anciens droits. Mais avant de finir, je ne puis m'empêcher de plaindre le sieur Laclède; un père de famille qui s'est sacrifié pour le bonheur de ses enfants, ne peut qu'être vivement affecté des coups violents portés à sa possession. Je sens combien toutes ces entreprises sont contraires au respect que l'on doit aux propriétés. Je sais aussi que, malgré tous vos efforts, les voyes de fait n'ont pu être réprimées, et quelque injuste que puisse être la concession qui lui a été faite du bois de Lousse, quelque reproche qu'il puisse se faire, je n'en désire pas moins que les coupables soient sévèrement punis; mais la rigueur de ma place m'ordonne de protéger les droits de la ville ».

Et le Corps municipal nomma quatre commissaires, Lassus et Laterrade, officiers municipaux, Hondagné et Dufaur, notables, pour consulter quatre ou six hommes de loi sur les moyens à employer pour parvenir à obtenir la révocation de la concession faite au sr Laclède (1).

---

(1) Arch. Mairie de Pau, D. 5, pp. 4 à 10.

Les commissaires consultèrent Mourot, Lamude, Pommiès et Persilhon. Les trois premiers déclarèrent que la concession Laclède ne pouvait pas être révoquée. Persilhon, interprétant les textes d'après les principes révolutionnaires et refusant d'admettre le principe de la chose jugée, fut d'avis contraire (1). Un mandat de 120 livres fut délivré à Lubat le 15 avril par le syndic receveur de Pau pour payer les honoraires de la consultation (2). Le Corps municipal, faisant état de l'avis de Persilhon, conclut qu'il y avait lieu de faire des démarches auprès du Corps Législatif pour demander la révocation de la concession de Laclède, en payant le double de la redevance.

En même temps paraissait une brochure sans date (elle porte au crayon l'indication 1790 ou 1791) et intitulée : « *Observations succinctes relativement aux droits de la ville de Pau sur les bois de Lousse et du Larron situés au Pont Long* (Daumon, imp. à Pau, 7 pages) » (3). Ces observations sont peut-être l'œuvre de Persilhon. Tout ce qui dans les anciens textes depuis 1400 jusqu'à cette époque pouvait paraître militer en faveur de la propriété ou des usages de la ville de Pau sur les bois de Bastard et de l'Ousse y a été mis en évidence; par contre on cherche à affaiblir la portée de tous ceux qui militent en faveur du contraire, c'est-à-dire en faveur de la propriété de la Couronne ou de la vallée d'Ossau et on ne cite pas ceux qui sont les plus probants à cet égard.

Une étude patiente des textes nous montre par exemple que ce qui était au nord de l'Ousse était territoire propriété de la vallée d'Ossau, qu'entre le Lou et l'Ousse, il en était de même, bien que ce fût terroir de Pau, et que les usages des habitants de Pau dans le bois de l'Ousse avaient pour corollaire l'obligation d'y faire des plantations. Ces plantations, en raison de l'état de ruine où l'avaient mise les usages, ne se faisaient plus depuis longtemps dans la forêt de l'Ousse quand la Maîtrise des Eaux et Forêts en assura la régie, et cette régie commença quarante ans avant l'afflèvement consenti à Laclède. Les observations précitées n'en font aucune mention.

(1) Arch. Mairie de Pau, D. 5, pp. 94-97. Délibération du Corps Municipal du 9 août 1791.

(2) Arch. Pau, CC. 152, p. 157.

(3) Arch. Mairie de Pau, Pont Long, ch. I, carton 1, dossier 12, pièce 1.

Un arrêt du Parlement de Navarre du 2 août 1734 (1) cassa deux ordonnances des 21 et 26 juillet du Grand Maître de Guyenne, de Raymond, faisant savoir qu'à la diligence des officiers de la Maîtrise de Tarbes il serait procédé à l'adjudication des bois de Larron, 188 arpens, et des taillis du Barail, 20 arpens, en trois ans sans réserve de baliveaux. Ces ordonnances étaient cassées comme « rendues en distraction de ressort par transport de juridiction et par entreprise sur l'autorité de la Cour. » Et l'arrêt était accompagné de remontrances où il est dit ceci : « Dans ces circonstances il serait d'autant plus triste pour votre Parlement d'être dépouillé de sa juridiction qui luy a apartenu de tout tems dans les bois de Pau, Lousse et Larron que, par son attention et son zèle pour les intérêts de Votre Majesté, il a fait rentrer dans son domaine ces mêmes forêts qui avaient été usurpées par les jurats de la ville de Pau ». Et en marge, en face de ces deux dernières lignes, on lit, écrits d'une autre écriture, ces mots : La preuve de ce fait a été produite ».

Les observations de 1790-1791 rappellent un arrêt du Conseil du Roi du 22 juin 1734 où il n'est question que des bois du Larron, du Barail et du Parc et pas de celui de l'Ousse, mais se gardent bien de mentionner l'arrêt du Parlement de Navarre que nous venons de rappeler. Elles omettent également de discuter les motifs de l'arrêt du Conseil du Roi du 9 juillet 1771 qui déboutait définitivement la ville de Pau de ses prétentions sur la forêt de l'Ousse. On s'en étonnera peu si l'on se souvient que les droits de la ville furent soutenus à l'époque par un M. de Persilhon, échevin. Lui ou son descendant, si ce n'était pas lui le Persilhon de 1790, avaient sur ce point important la mémoire très courte.

Si d'ailleurs on se reporte au Mémoire pour la vallée d'Ossau (d'Espalungue) contre l'Etat, de 1829, on y trouve des preuves flagrantes, prises dans les vieux textes, de la non propriété de la forêt de l'Ousse (et de celle du bois de Bastard, car les deux forêts ne peuvent être séparées à ce point de vue) par la ville de Pau.

Dans l'arrêt du Parlement de Navarre du 19 décembre 1634

(1) Arch. B.-P., C. 1280.

qui maintient la vallée d'Ossau dans la propriété du territoire du Pont Long contre le procureur général patrimonial de Pau (affaire Gassiot de Paraige), on lit (1) : « Est à remarquer que les bois du Larron et de Lousse qui sont au milieu du Pont Long appartiennent au Roi en propriété, y mettant des gardes avec des gages pour empêcher que personne n'y coupe » et l'arrêt « a maintenu et maintient les dits procureurs général et patrimonial à la propriété possession, jouissance des bois de Lousse et du Larron, sans préjudice néanmoins des droits de pacage et usage prétendus par les habitants d'Ossau et Pau, pour en jouir par eux, conformément à l'arrêt sur ce donné le 29 janvier 1618. »

Dans la sentence arbitrale du Parlement du 24 septembre 1672 entre la ville de Pau, la vallée d'Ossau et le nommé Puyou, habitant de Pau, concernant le Pont Long « il est déclaré (2) que le terroir situé entre la Herrère et Lousse est vrai terroir et territoire du Pont Long et comme tel appartenir à la communauté de la vallée d'Ossau en propriété » (or la vallée d'Ossau n'a fait aucune opposition en 1770 à l'affièvement du bois de Lousse à Laclède, et si deux des communautés de la Vallée ont essayé de mettre la question sur le tapis en 1780, la Vallée ne les a pas suivies).

« Les nommés Haqué, Arnaudaner, Monge, Jeanne d'Adam Philipon, Biarot, Micoulau, ont fait de grandes usurpations dans le dit Pont Long, des fermetures et bâtisses, alléguant pour prétextes que les sieurs maire et jurats de cette ville leur ont donné la permission et même des ventes ». La vallée d'Ossau faisait ainsi éclater l'illégalité de ces possessions, favorisées par la ville de Pau, et il est piquant de constater que les noms de ces usurpateurs se retrouvent plus de cent ans après parmi ceux des habitants du hameau cités en justice en 1798 à propos des dévastations commises dans le domaine de Laclède.

Enfin le Conseil Municipal de Pau ayant cru pouvoir en 1804 revendiquer le Pont Long, consulta trois jurisconsultes Mourot, Douyau et Pommarède, et dans cette consultation du

(1) Page 11 du *Mémoire*.
(2) Page 24 du *Mémoire*.

10 nivôse an XII il est dit ceci (1) : « Devant les commissaires réformateurs du 17e siècle, la ville de Pau, bien loin de se déclarer propriétaire du Pont Long, ne déclara y avoir que de simples usages. La seule force de la vérité la força à ces aveux. Elle n'avait aucun intérêt de diminuer ses droits, elle savait au contraire qu'elle avait tout à perdre à ne pas déclarer une propriété qui lui aurait appartenu ». Et plus loin :

« Une dernière question a été élevée par la ville de Pau au sujet de la contenance de cent cinquante quatre journaux, ajoutés à la forêt Bastard, du consentement de la vallée d'Ossau propriétaire.

Les principes qui doivent faire décider du mérite des griefs que reçoit par là la ville de Pau, sont trop connus afin que sa demande puisse être accueillie.

La propriété ne doit pas être inutile au propriétaire; il ne peut lui être interdit de l'utiliser par des ventes et par des concessions que d'autant qu'il priverait les usagers des droits d'usage ou qu'il les restreindrait de manière à ce que le terroir qui existerait au delà de ceux vendus ou concédés ne serait pas suffisant pour les besoins des usagers.

Mais on ne peut présumer cet abus de la propriété; il faudrait le justifier par des vérifications faites contradictoirement avec le propriétaire et le concessionnaire en sorte que si les habitans de la ville de Pau trouvaient dans le Pont Long de quoi pourvoir à tous leurs usages, ils seraient mal fondés à s'opposer à ce que le propriétaire vendît ou concédât un terrain surabondant.

Du reste l'augmentation de la forêt Bastard n'est pas sans intérêt et sans utilité pour la Ville de Pau, mais quand bien même elle ne devrait jamais en recueillir aucun, elle serait évidemment mal fondée dans les actions, qu'elle s'est proposé d'intenter (2) ».

Et pour épuiser cette question de légitimité de l'affièvement fait à Laclède, il convient de citer l'opinion formulée en 1830 par le docteur Mayniel (3), habitant du hameau, dans ses

(1) Mémoire précité. Pièces justificatives, p. 76.

(2) Mémoire précité, pp. 77-78.

(3) *Observations sur le Mémoire de M. d'Espalungue*, par le Docteur MAYNIEL, habitant du hameau de Pau. Imp. Véronèse, Pau, 1830.

Observations sur le Mémoire de d'Espalungue pour la Vallée d'Ossau, qui avait paru en 1829. Cette opinion, disons-le tout de suite, appelle de sérieuses réserves, car son auteur, se posant en défenseur d'une banlieue d'après lui méconnue, paraît chercher, avant tout, à attirer l'attention de la Ville de Pau pour que les membres de la commission municipale soient moins étrangers aux intérêts du hameau. Il a vu avec peine que le Tribunal de Pau ayant consacré une nouvelle fois les droits de propriété de la vallée d'Ossau sur le Pont Long, on se préparait à cantonner les droits des usagers (1).

Aussi se montre-t-il plutôt agressif vis-à-vis de Laclède (qui était mort en 1813), de la vallée d'Ossau, du préfet des Basses-Pyrénées, Dessoles, de l'Administration forestière, et cette mauvaise humeur fait qu'on se demande s'il lui était possible d'écrire sur cette affaire d'une façon absolument impartiale et sans passion.

Son point de départ est une critique de la consultation de Mourot, Douyau et Pommarède de l'an XII, qui a eu le tort, à ses yeux, de ne pas mettre en vedette l'article VIII de la sentence arbitrale du Sénéchal de Béarn du 31 mars 1490 entre la vallée d'Ossau et Pau, article qui serait ainsi conçu : « Que les dits de Pau peuvent, leur est permis de couper des bois et des branches (lègnes) dans le bois et aulnières du Pont long pour leurs édifices et emporter les dits bois et branches tant sur les chevaux ou autrement, là où il leur sera nécessaire et commode et de ceux-là user et en distribuer à leur propre volonté pacifiquement et en paix. Sans que aux dits d'Ossau il soit libre, ni permis de les pignorer, ni carnaler leur monture, ni d'autre monture emportant du bois ».

(1) Ces droits ont été cantonnés, en vertu d'un arrêt de la Cour de Pau du 11 août 1837, conformément au rapport d'experts du 28 août 1839. La moitié de la propriété du Pont Long a été attribuée à la Vallée, l'autre moitié aux usagers (trente communes usagères).

La partie assignée à la vallée avait 2.331 h. 48 a. 73 estimés 866.110 fr. 24; celle assignée aux usagers 2.449 h. 90 a. 57 estimés autant En 1861 des experts furent chargés de partager entre les communes de la vallée d'Ossau formant le syndicat du Haut Ossau, la partie du Pont Long appartenant à ce syndicat, partie qui se terminait à l'est par la route de Pau à Bordeaux (Arch. B.-P., Z. 7).

Cet article, écrit le docteur Mayniel, pages 22-23, indique que la commune de Pau a de tout temps eu l'usage du bois qu'on a connu sous le nom de bois du Larron et depuis quelques années mentionné sous le nom de forêt Bastard, que feu M. Laclède lui imposa sans doute pour flatter son maître. Cette flatterie peut passer pour innocente et permise, mais elle laisse un doute pour l'avenir; car enfin il serait possible que la Commune voulut un jour faire valoir ses droits sur cette forêt. »

Le vice de ce raisonnement au point de vue juridique, comme au point de vue de la méthode historique, est manifeste.

Le docteur Mayniel prend un vieux texte, fait table rase des jugements intervenus et de l'assiette du régime forestier pendant les 350 ans environ qui ont suivi l'apparition de ce texte, décoche un trait, sans portée d'ailleurs, à Laclède et conclut que la ville a des droits à l'usage du bois de Bastard. Après tout ce que nous avons vu et pour qui connaît la matière des usages forestiers et leur réglementation, cette conclusion était inadmissible et il n'est pas surprenant que la ville de Pau n'ait jamais cru devoir s'appuyer sur elle de quelque manière que ce fût, par la suite, la consultation de Mourot et consorts étant au point de vue du bois de Bastard décisive, tant au point de vue de la propriété que des droits d'usage (1). (Voir G. Huffel, *Histoire des Forêts françaises de l'origine jusqu'à la suppression des Maîtrises*, pp. 150-157, Nancy, 1925.)

Le Dr Mayniel ajoutait (page 24 des Observations) :

---

(1) Un autre érudit, non spécialiste des questions forestières, M. L. Soulice, s'est pour le moins avancé d'une façon imprudente, en parlant de la question du bois de Bastard dans ses *Notes topographiques sur les environs de Pau* (Bull. Soc. Sciences, Lettres et Arts de Pau, 1906, pp.159-176). Il semble se rallier aux conclusions du Dr Mayniel en se basant sur des extraits de textes très anciens et sans confronter ceux-ci avec toutes les décisions juridiques et administratives survenues depuis. Et cependant il ne pouvait ignorer que les affaires du Pont Long avaient été définitivement réglées depuis l'époque où a écrit le Dr Mayniel et sans que la propriété du Bois de Bastard ait jamais été remise en cause à ce propos.

« Voilà la cause réelle de la perte qu'ils ont faite de leurs droits sur la forêt du Larron et sur les bois de Lousse. Voilà comment le parçan de Lousse, à gauche du ruisseau, qui était bien le leur, leur a été enlevé. L'auteur de cette aliénation voulut essayer à Monein l'opération qui lui réussit au hameau de Pau, mais à Monein les magistrats et la population entière s'opposèrent à cette entreprise.

« C'est contre le texte formel des lois que la concession fut accordée par le ministre. Oui, par cela seul qu'on attribua au domaine la propriété du bois du Larron, le tenant de Lousse se trouvait dans le cercle que la loi fixe pour conserver les droits aux usagers et l'inaliénabilité. Mais une entorse de plus ou de moins à la loi ne peut gêner un ministre. Qu'ils doivent être curieux les mémoires fournis au ministre par le concessionnaire... On sait que l'établissement de la Maîtrise en Béarn trouva une forte opposition dans les Etats. Mais comment s'opposer à un établissement si brillant pour le frère ou neveu de l'intendant d'un prince du sang (1) ».

Ce passage, toute question de fiel mise à part, est fort intéressant. C'est l'aveu que si la propriété du bois du Larron ou Bastard était domaniale, la propriété du bois de l'Ousse l'était aussi. Reste donc seul discutable le point de savoir si au moment de l'affièvement consenti à Laclède les droits d'usage n'auraient pas dû être cantonnés comme l'insinua la communauté de Louvie-Juzon en 1780. Or la forêt de l'Ousse en 1770, forêt du domaine royal, gérée par la Maîtrise, était ruinée : depuis longtemps les usagers au bois et au pacage ne pouvaient plus exercer leurs droits que d'une façon restreinte, faute de matière suffisante et ne se conformaient plus aux obligations contractuelles qui en étaient la contrepartie, c'est-à-dire notamment aux plantations d'arbres.

Un juriste aussi averti que Laclède n'aurait pas manqué, dans l'intérêt d'une possession paisible, de faire cantonner ces droits, s'il avait été nécessaire. La ville de Pau fut déboutée à l'époque des oppositions qu'elle forma contre l'affièvement,

(1) Est-ce une allusion à Jean-Joseph de Laclède, secrétaire du maréchal de Coigny, et qui paraît avoir été auparavant (1714) commissaire de M. de Harlay, intendant de Béarn? (Cf. de Dufau. E. 2349.)

donc tant au point de vue de la propriété que de celui des droits d'usage.

Enfin la fameuse phrase de Mourot, Douyau et Pommarède écrite à propos du bois de Bastard trouve encore pour le bois de l'Ousse son application : « La propriété ne doit pas être inutile au propriétaire; il ne peut lui être interdit de l'utiliser par des ventes et par des concessions que d'autant qu'il priverait les usagers des droits d'usage ou qu'il les restreindrait de manière à ce que le terrain qui existerait au delà de ceux vendus ou concédés ne serait pas suffisant pour les besoins des usagers ».

Le domaine de l'Ousse était tout en longueur, d'une largeur parfois très faible; des passages publics étaient ménagés au travers qui permettaient l'accès au Pont Long; la privation des droits d'usage, en admettant qu'ils existassent encore, ne pouvait être que très faible en raison de l'immense étendue de terrains, tant au parsan de l'Ousse que dans le Pont Long, où ils pouvaient encore s'exercer.

Ces raisons nous font conclure, après toutes les autres, à la parfaite légitimité de l'affièvement de 1770.

Les observations du Dr Mayniel contiennent quatre autres passages fort curieux :

Page 32. « La question de la culture du Pont Long est plus compliquée qu'il ne semble... Si lorsque feu M. Laclède se déterminait à se faire donner l'affièvement des rives de Lousse, j'eusse eu l'expérience que j'ai acquise et qu'il m'eût fait l'honneur de me demander mon avis, je me crois en état de réduire le devis estimatif des frais et le détail des bénéfices à ce point de lui prouver que 300.000 francs ne pouvaient lui donner que 5 à 6 mille francs : avec cette condition qu'il y aurait eu persévérance de 30 ans au moins pour soutenir ce produit et une suite de travaux de trois générations successives sans la moindre interruption ».

Page 34. « Lui aussi (Laclède) s'engagea à cultiver le fonds affiévé; je suis persuadé qu'il s'engagea franchement. Il en fut la victime ou ses bailleurs de fonds. Certainement ses successeurs étaient ruinés sans la bonne idée qui leur vint de vendre. On m'a dit qu'ils ont vendu à raison de 50 francs l'arpent; chaque arpent étant affiévé à raison de 3 ou 7 centimes. Mais la condition fondamentale ne peut et ne sera jamais remplie (1). Ce fut cependant cette condition de culture qui motiva la préférence que le s[r] Laclède obtint sur le corps de ville qui demandait aussi l'affièvement. »

Page 40. « Les 150 arpents ajoutés à la forêt Bastard doivent nous profiter suivant ces messieurs (Mourot, Douyau, Pomarède). Ils finissent par un mot bien dur : « Elle (la ville de Pau) serait mal fondée dans les actions qu'elle s'est proposée d'intenter ». Si ces messieurs eussent dit : « elle serait évincée », on les aurait compris. »

Page 55. C'est la charge à fond contre la vallée d'Ossau.

« Cette vallée présente le phénomène d'une exception constante. Sous ses vicomtes elle a le droit de piller impunément. Elle est réunie au Béarn : elle est exceptée par cet usage : elle a une juridiction à elle. Le Béarn est-il réuni à la couronne de France : elle se régit démocratiquement. Aujourd'hui même, quoique soumise aux divers gouvernements qui se sont succédés, elle a le secret de prolonger son exception. Dans trois cas rapportés dans le mémoire (mémoire d'Espalungue) on est forcé d'admirer la dextérité de la vallée.

1° Son dénombrement devant M. de Foix : elle prend pour limite la Fourquie de Morlaas, mais elle donne à ce digne prélat, plastron de la reine Jeanne, la jouissance d'un pré à Lescar.

2° Louis XV veut gratifier Lassansaa, de Bilhère, et lui donne 200 arpens de lande du Pont Long. A la barbe des Ministres l'arrêt est révoqué. Lassansaa reçoit de la vallée 150 arpens. Ce n'est pas le Roi qui est le bienfaiteur, c'est la vallée.

3° Le Grand Maître des Eaux et Forêts, à l'instigation de son petit maître, demande un appendice pour la forêt du Larron. Le Roi l'accorde; çà ne se refuse pas; qu'importe que la commune de Buros soit ruinée (2)? Mais la vallée fait encore rapporter cet arrêt et c'est elle qui courtoisement donne ces 150 arpens à l'administration forestière. Il y a là du génie, mais quel génie! En

(1) Les événements ont donné tort à cette prédiction. Les terrains qui faisaient partie de l'ancienne concession Laclède sont aujourd'hui bien mis en valeur, chacun suivant sa nature (champs, prairies, jardins, bois et touyas).

(2) Exagération manifeste!

rapprochant des faits analogues, n'est-on pas porté à soupçonner. bien des choses? » (1).

Cette longue incidence était nécessaire pour traiter aussi complètement que possible la question de la légitimité de l'affièvement consenti à Laclède, c'est-à-dire de son bon droit et de la question connexe de la forêt de Bastard. Revenons maintenant à Laclède lui-même que nous avons laissé au moment où, devant les menaces et devant les dévastations de son domaine, il s'était retiré dans sa propriété de Bedous, probablement dans le courant de 1792.

§ 7. *Laclède de* 1793 *à* 1800.

En 1793 il fut couché sur la liste des suspects, nouvelle injustice. « La Révolution en Béarn, a écrit Emile Garet (2), se fit sans troubles et sans violences. Il n'y eut que deux exceptions, l'une pour la demeure du marquis de Lons, l'autre pour le domaine de M. de Laclède qui fut complètement dévasté. Le marquis de Lons s'était dès longtemps aliéné ses vassaux; on comprit cet éclat de colère. Le cas de M. de Laclède était tout autre : il avait rendu de grands services, avait fait du bien autour de lui et n'avait mécontenté personne. Les paysans du hameau de Pau furent coupables envers cet homme de bien. »

Laclède fut arrêté à Bedous le 8 novembre 1793 (3). Les tableaux de la vie politique des reclus donnés par le Comité de surveillance de Pau nous en précisent les raisons. « Laclède, père, domicilié à Bedous, âgé de 66 ans, ayant deux garçons et une fille, l'aîné âgé de 23 ans au service de la République, le second muet, 22 ans, une fille 18 ans. Ci-devant noble ou anobli. Aristocrate dangereux dans les frontières où il vivait. — Ci-devant Maître particulier des Eaux et Forêts.

Depuis 1789 son revenu est réduit à 4.000 livres environ.

(1) Le soupçon, l'insinuation, sont des armes de pamphlétaire, mais ne prouvent rien. La brochure du Dr Mayniel est amusante, mais les arguments qu'il mettait en avant ne pouvaient porter, n'étant pas étayés suffisamment.

(2) Cf. E. Garet. *Histoire du Béarn*. p. 93.

(3) Lochard, *La Terreur en Béarn*, p. 195, dit qu'il a été arrêté comme suspect le 5 novembre 1793,

Fréquentant les aristocrates. Caractère ambitieux. Le 21 avril 1790 il signa une adresse liberticide dont le but était la division des patriotes. Jusqu'à cette époque il avait redoublé ses usurpations sur les biens communaux. Depuis lors il devint transfuge de la commune de Pau et se retira dans la vallée d'Aspe où il a une propriété à l'extrémité des frontières avec l'Espagne. Sa maison fut le repaire de ceux qui émigraient, notamment les nommés Blou et Plantier y firent un séjour avant leur passage. — Déporté à Condom » (1).

Dans la liste des suspects des Basses-Pyrénées (2) le paragraphe qui le concerne est ainsi rédigé « Laclède père, Maître particulier des Eaux et Forêts, 66 ans, deux garçons et une fille, arrêté à Bedous le 8 novembre; ci-devant anobli, aristocrate dangereux dans la frontière où il habitait. Déporté pour Condom. Ambitieux. Usurpateur de biens communaux ».

Il est certain que le seul fait d'avoir été un homme d'élite, à l'avant garde du progrès véritable en matière d'économie rurale, constituait un crime aux yeux des révolutionnaires. Et nous venons de voir ce qu'il faut penser de cette prétendue usurpation de biens communaux.

Son emprisonnement dura onze mois (3). Picamilh (4) a écrit qu'il émigra pendant onze mois; il suffit de lire les motifs de son arrestation pour voir qu'il n'a jamais émigré. Pendant sa détention, il écrivait. « C'est là, dit Vignancour (5), que ce philosophe agricole écrivit ce mémoire sur la dévastation de son domaine qui seul lui assurerait un rang parmi les hommes de lettres et parmi les meilleurs agronomes. On en trouve des fragments mentionnés honorablement dans les Annales d'agriculture du département de la Seine ». Ce mémoire ne nous est pas resté.

---

(1) *Pau et les Basses-Pyrénées pendant la Révolution*, par Rivarès, Bull. Soc. Sciences Pau, 1876, p. 110.

(2) Cf. *Liste des Suspects des Basses-Pyrénées*, p. 57, Pau, Ribaut, 1877.

(3) Cf. Vignancour, *Documents*, p. 431.

(4) Cf. *Statistique Générale des Basses-Pyrénées*, par Ch de Picamilh, I, p. 474.

(5) *Loc. cit.*

Son fils s'efforça de le faire relacher, en vain d'ailleurs. Voici en effet le texte d'une lettre écrite le 16 frimaire an II, par le capitaine Laclède, au Comité de surveillance de Pau (1) :

« Je pars pour les cimes des montagnes. Veuillez vous rappeler, Républicains, que je laisse dans les liens un père sur l'âge, infirme, dans la détresse et nécessaire à sa famille. Veuillez vous rappeler que ce père vous a présenté sa pétition le 10 frimaire et qu'il attend dans le calme de sa conscience son jugement. »

A sa sortie de prison, en octobre 1794, Laclède se trouva dans une situation précaire. Nous en trouvons la preuve dans une autre lettre de son fils le capitaine Laclède, écrite de Bedous le 7 prairial an III (26 mai 1795) à un de ses oncles, avant de partir pour l'armée comme aide de camp. Il lui demandait huit louis d'or, son père « dans une position cruelle ne pouvant donner l'essor à son cœur ». Et madame de Laclède ajoutait en post-scriptum à cette lettre : « Je me joins à mon fils, mon cher cousin; c'est une circonstance pour moi qui est bien pénible; je ne puis faire tout ce dont il a besoin : venez à notre secours; vous connaissez notre attachement, notre reconnaissance l'égalera. Adieu, mon cher cousin. Toute à vous » — Cécile LACLÈDE.

Les archives Lailhacar (t. III, p. 2162) parlent de la réintégration de Laclède en l'an V comme Maître particulier des Eaux et Forêts, sans autre explication. On peut observer que la chose paraît impossible; les maîtrises avaient été supprimées et c'était la Direction Générale des Domaines qui était chargée de la régie des bois, régie fort théorique. Rien dans les archives ne nous permet d'élucider ce point.

Par contre, nous y trouvons d'amples renseignements sur de nouveaux efforts faits par Laclède à partir de l'an VII pour poursuivre les auteurs des dévastations du domaine de Saint Sauveur de l'Ousse. Dans l'extrait imprimé du registre du Bureau de Paix et de Conciliation de la commune de Pau du 7 vendémiaire an VII dont il a déjà été question (2), nous lisons

(1) Cf. RIVARÈS, *Pau et les Basses-Pyrénées pendant la Révolution*. (*Bull. Soc. Sciences, Lettres et Arts de Pau*, t. VI, 1876, p. 89.)

(2) Arch. B.-P., *Hist. loc.*, X, 209.

que les voies de fait continuaient encore : on coupait, on détruisait, on consommait la ruine de son domaine, on achevait de démolir le reste des bâtiments, on enlevait le reste des matériaux.

« De telles entreprises doivent avoir un terme, écrit Laclède dans sa requête; il est temps que le comparant obtienne justice, qu'il rentre dans sa possession et qu'il obtienne les indemnités que la raison, la justice et les lois lui assurent. Sans examiner si la destruction d'une propriété rurale, si le vol, le pillage qui n'ont eu d'autre mobile que la soif du bien d'autrui avaient le caractère des délits que la loi d'amnistie avait voulu couvrir d'un voile politique, s'il pourrait faire punir exemplairement les attentats commis postérieurement à cette loi, le comparant, qui ne tient point à des peines corporelles, se fixant à son intérêt particulier, acceptera la voie civile qui lui a été indiquée par le jugement du ci-devant district du 29 novembre 1791. En conséquence il se propose de demander en justice d'être réintégré dans la possession et jouissance de son domaine de St Sauveur de l'Ousse, dont il a été expulsé par voie de fait, par violence et usurpation. »

On trouvera en annexe la copie intégrale de l'extrait du registre du bureau de paix. Tous les gens cités par Laclède, lesquels habitaient pour la plupart le hameau à l'époque des dévastations, ou étaient les héritiers de ceux-là, soutinrent lors de leur comparution aux audiences de conciliation des 9 et 19 vendémiaire an VII n'avoir pris aucune part aux dévastations commises. Le premier brumaire Laclède les fit citer alors devant le Tribunal civil pour l'audience du 21 brumaire.

L'affaire traîna pendant des années ainsi qu'il résulte des termes de la lettre suivante écrite par Laclède à M. Sylveste, secrétaire de la Société d'agriculture de la Seine (1).

A Pau, le 7 fructidor an 12.

Jean Laclède, membre du Conseil Général du Département des Basses-Pyrénées, associé correspondant de la Société d'agriculture du département de la Seine.

A Monsieur Sylveste, secrétaire de la Société d'Agriculture du département de la Seine

---

(1) Arch. B.-P., Arch. Lailhacar, t. V, f°s 2015 et 2016.

Monsieur mon cher collègue.

Vous avez pris tant d'intérêt à mes malheurs agricoles et si généreusement que vous seres touché des lenteurs que j'éprouve dans l'instruction par écrit du procès, que je poursuis depuis des années devant le Tribunal de première instance de Pau en délaissement de mon vaste domaine St Sauveur de l'Ousse et en indemnité; la cause de ces lenteurs est dans la forme de procéder.

Je me suis flaté longtemps que le code de procédure civile, qu'on annonçoit, romproit les entraves judiciaires, foible illusion qui soutenait mon courage.

Le projet de code présenté par la Commission nommée par le gouvernement, rendu public par l'impression, loin de combler l'abîme, le cruseroit pour l'éternité, s'il étoit adopté dans toutes ses parties.

J'ai fait quelques observations sur ce projet de code que j'ai animées des moyens qui m'ont paru propres de donner à l'administration de la justice toute la lattitude possible dans l'instruction par escrit pour l'intérêt général de la Société; je me suis empressé à adresser les observations le 5 de ce mois à M. le grand Juge, ministre de la justice, M. Regnault de St Jean d'Angely, conseiller d'Etat et président de la section de l'intérieur;

M. Bigot de Préameneu, conseiller d'Etat, président de la section de législation;

M. le Secrétaire Général du Conseil d'Etat;

M. le Président du Tribunat;

M. Treillard, conseiller d'Etat, président de la Commission du projet de code de procédure civile;

M. Séguier, premier président de la Cour d'appel, commissaire pour le dit projet de code;

M. Try, substitut du procureur général impérial près la Cour d'appel de Paris;

M. Fondeur, greffier de la Cour d'appel;

M. Barthereau, président du Tribunal de première instance; M. Pigeau, jurisconsulte.

Ces six derniers composent la commission nommée par le gouvernement pour le projet de procédure civile.

Comme je ne connais pas les noms de Messieurs les commissaires du Tribunat, qui discutent les projets de loy, avec ceux nommés par le Conseil d'Etat, j'ai adressé quelques exemplaires des observations pour les faire passer à M. Girardin, tribun, qui aura la bonté de les faire remettre à MM. les commissaires de la Commission législative du Tribunat.

J'ai voulu, Monsieur mon cher collègue, mettre sous vos yeux le tableau de mes mouvemens. Si vous avez quelque raport avec quelqu'un qui peut influer sur l'examen de mes observations et que vous les croyez mériter quelque considération, vous adjouteres à vos bontés si vous lui représentés combien il est important pour les Français d'éviter un déni de justice national, aussi opposé au vœu du Gouvernement et à celuy de la Commission elle-même ; mon intérêt étant confondu avec l'intérêt public, je jouirai d'une forme de procéder générale, qui concourra à accélérer l'instruction et le jugement ; alors je rescuciterai pour m'occuper de l'agriculture, des expériences variées, de mes dettes envers la Société d'Agriculture de la Seine et du désir que j'ai de mériter par mon travail, les bontés que vous avez déjà pour moy. Quand on est dans le malheur et qu'on a des enfants bien nés, toutes les facultés de l'âme sont suspendues dans l'océan des peines.

Je suis avec des sentiments d'estime et un attachement respectueux. — Laclède.

On lit au haut de la première page en marge : « Renvoyé à la Commission qui a déjà présenté ses observations sur le même sujet ».

Il semble bien que l'affaire soit restée sans suite. Le domaine de St Sauveur de l'Ousse fut vendu par les héritiers de Laclède, pour règlement des affaires, en vertu d'un jugement du Tribunal civil d'Oloron du 30 août 1815. Le domaine fut divisé à cet effet en quarante-six lots par trois experts : J.-F. Labordette, arpenteur juré, Antoine Vignancour, propriétaire, et Lallemant, garde des Eaux et Forêts à Pau. La vente eut lieu par adjudications successives en l'étude de M. Brascou, notaire, les 4 novembre 1817, 2-3-4-5-6-7-8-9 et 10 décembre 1817 (1).

(1) Arch. B.-P., Section notariale, Brascou, pièces 332, 337, etc.

En même temps fut vendu un petit terrain trapézoïdal de 3 ares 50 (92 toises quarrées et 13 centièmes) que Laclède avait acquis de Flamichon le 6 août 1783 par devant Bergeret, notaire. Ce petit terrain était près de la Haute Plante et limité ainsi qu'il suit : Nord : allée qui fait suite à la rue Neuve vis-à-vis le cours Bayard.

Est : Terrain acquis par feu M. Darret, appartenant à Mme de Crouseilles, d'Oloron, sa fille.

Sud : Terrain à Laforcade, de Pau.

Ouest : Route descendant vers la Basse Ville.

Dans son testament en date du 19 mars 1788 (1) Flamichon avait parlé de ce lopin dans les termes suivants : « J'acquitte M. de La Clède de ce qu'il peut me devoir pour terrain à lui vendu à la place de Gramont ».

La rue Neuve est l'ancien nom de la rue Bernadotte actuelle, le cours Bayard celui de la rue Bayard. Le terrain en question se trouvait donc peu éloigné de l'emplacement actuellement occupé par le haut de la rue Laclède.

Les dernières années de la vie de Laclède.

Les Conseils généraux furent créés par la loi du 28 pluviôse an VIII (2). Laclède fut nommé conseiller général des Basses-Pyrénées pour le canton d'Accous. Et les délibérations du Conseil général montrent qu'il y avait un forestier dans le Conseil.

Dès le 9 thermidor an VIII le Conseil signale que les ressources forestières du département tendent à se tarir par suite des progrès de la consommation et « dans les années de l'Anarchie l'abandon de toute police conservatrice des forêts ». « Sous les yeux de l'administration supérieure du département, dans

---

(1) Cf. Lacaze, *Recherches sur la ville de Pau*, p. 241.

(2) Cf. *Procès-verbaux des séances et délibérations du Conseil général des Basses-Pyrénées depuis l'an VIII jusqu'en* 1838, recueillis et publiés par Ed. Ocurto-Joany, Pau, Vignancour, 1867, pp. 29, 56-57, 103, 158-159, 202, 254-255, 341, 482.

le territoire de la ville de Pau, était un bois dont l'enceinte renfermait 600 arpents; il a été livré sans ménagement à la destruction et au pillage. Ce qu'il en reste est menacé de disparaître entièrement. L'intérêt de ce département, de concert avec celui de la République, demande que l'administration forestière soit mise au plus tôt en activité. »

Le 25 germinal an IX il demande que l'on surveille les communaux non encore partagés, qu'on en empêche le déboisement et qu'on les ensemence en glands et qu'on les plante. Le 12 prairial an X il demande la création de pépinières de chênes, châtaigniers et arbres fruitiers.

Le 25 floréal an XI il proteste contre l'arrêté des Consuls du 19 ventôse an X soumettant les bois communaux au même régime forestier que les bois nationaux pour la surveillance, ce qui entraînait des frais considérables pour les communes. Et le 22 germinal an XII il attire l'attention du Gouvernement sur les nominations de gardes communaux faites par le Conservateur (1) et l'énormité des salaires attribués.

Le 22 octobre 1807 c'est une réclamation contre une nuée inutile de brigadiers et gardes forestiers dont les communes ne peuvent payer les gages et les appointements — et qui (mémoire du 24 mai 1813) ne sont pas sans commettre des malversations, coopérant parfois à la destruction des bois, etc.

Les difficultés rencontrées par l'administration forestière au sortir de la Révolution ont été très grandes, en suite des abus et des dilapidations de toute sorte qui avaient été commis. L'expérience de Laclède fut certainement un facteur puissant pour l'ajustement des nouvelles règles aux conditions de rénovation de la propriété forestière et pour l'adoucissement des contacts entre les populations et une administration dont le personnel subalterne, peu au courant, laissait fort à désirer.

Laclède a été président provisoire du Conseil général pour la session extraordinaire de messidor an XI et fit voter une adresse au Premier Consul à propos de l'agression de la France par l'Angleterre.

---

(1) Le Conservateur des Eaux et Forêts était Bernadotte aîné.

Il eut le malheur de perdre sa femme en 1807; son fils aîné fut tué au siège de Saragosse en 1808. Son second fils était muet. « Tant de revers, écrit Vignancour, tant de pertes, ébranlèrent enfin, mais sans l'abattre, cette âme peu commune. Les infirmités de l'âge vinrent à leur tour et l'ont conduit lentement à la mort qu'il a vu arriver avec ce calme qui n'appartient qu'à la vertu. Il s'est éteint dans les bras de sa fille. M. de Laclède emporte les regrets de ses nombreux amis. »

Il mourut le 24 novembre 1813, âgé de 86 ans (1).

L'article nécrologique qui lui est consacré dans les *Documents Vignancour* met en relief son imagination vive, son génie créateur, son goût des lettres, sa passion du bien public à laquelle il se livra tout entier. « Ce désir, ce besoin d'être utile, lui acquit une considération générale et aida son âme forte à supporter les peines dont sa vie fut parsemée. » C'est de lui que de Laussat a écrit : « Je n'ai pas connu de Béarnais qui fit plus d'honneur à son pays par ses connaissances et par ses vertus ».

---

(1) Cf. Archives de Bedous : « L'an mil huit cent treize et le 25 novembre à huit heures du matin, par devant nous Jean Diusabau, maire, officier de l'état civil de la commune de Bedous, arrondissement d'Oloron, département des Basses-Pyrénées, se sont présentés les sieurs Laprade, maçon, et Jean Soubie, menuisier, demeurant à la dite commune, lesquels ont déclaré que M. Jean de Laclède, ci-devant Maître particulier des Eaux et Forêts, âgé d'environ 86 ans, demeurant et domicilié à la dite commune, est mort le jour d'hier, à quatre heures de relevée, en son domicile, situé au présent lieu. D'après ladite déclaration, j'ai signé le présent acte que les ci-dessus dénommés ont signé avec moi ». Suivent les signatures.

PIÈCES JUSTIFICATIVES

I

GENEALOGIE DES DE LACLÈDE

Jean de Laclède
ép. Claverane X...

- Francès
  20-10-1615 † ?
- Blazy
  27-4-1609 † ?
  ép. Jeanne de Lasartesse
  - Pierre
    22 sept. 1644 † ?
- Pierre
  25-6-1606 † ?
  ép. en 1res noces. ?
  - Marie
    5 mars 1633 † ?
    ép. Antoine de Soubie

  en 2es noces le 25 nov. 1635
  Marie d'Abos.
  - Jean
    28 oct. 1636 † 15 août 1694
    ép. en 1res noces
    Marie de Hilhet.
  - Marie
    3 mai 1639 † ?
    ép. Jean de Baliros.
  - Cathatine
    15 déc. 1641 † ?
  - Isabé
    23 sep. 1643 † ?

  Jean, en 2es noces
  Anne de Fonsdevielle.
  - Anne-Gratie
    17 juin 1658 † ?
    ép. 13 août 1679
    Gratian de Casenave.
    - Marie
      6-4-1690
    - Joseph
      3-5-1687
    - Jean-Pierre
      6-2-1685
    - Jean-François
      4-10-1682
    - Jean
      11-2-1681
  - Jean
    22 no. 1660 † 5 jan. 1725
    ép. Marie Latourrette
    1661 † 2 juin 1731.
  - Jean
    curé d'Escot
    23 mars 1666 † ?
  - Jean-Pierre-Joseph
    (Angoustures)
    médecin
    15 av. 1668 † 2 mai 1741
    ép. vers 1703
    Marie de Lamothe
    ? † 9 avril 1741.
    - Marie
      29 nov. 1703
    - Jean
      (Angoustures)
      médecin à Bayonne
      2 juin 1705
    - Jean-Hilaire
      13 janv. 1707
    - Marthe
      30 nov. 1709
    - Marguerite
      19 juillet 1711
    - Bernard
      20 août 1713
    - Michel
      8 juillet 1715
    - Jean-Epiphane
      7 janv. 1717
    - Marie
      10 juillet 1718
    - Magdeleine
      9 juillet 1720
      † 2 janvier 1793
      à Pau
  - Marie-Josèphe
    25 juin 1674 † ?
  - Pierre
    8 janvier 1653 † ?

Marie de Laclède
ép. Jean de Pourtau du Haut.

Anne
1686 † 4 jan. 1722

Magdeleine
2 juillet 1687 † ?
ép. Jean-Pie d'Arret

Jean-Joseph
1 mai 1689 † jan. 1736
Auteur de l'Histoire
du Portugal

Pierre
24 sep. 1690 † 6 fév. 1776
ép. Magdeleine
d'Espoeys d'Arance
1697 † 21 sept. 1733

Félix
30 mai 1692 † ?

Jeanne-Marie
13 juillet 1694 † ?
ép. 12 fév. 1714
Guillau. d'Estrem

Jean-Calliste
14 oct. 1695 † ?

Catherine
18 mai 1699 † ?
ép. 12 février 1725
Jean-Pierre de
Lassale-Domecq.

Jeanne-Marie
14 sept. 1701 † ?

Jean
30 mars 1703 † ?

Magdeleine
20 nov. 1707
† 14 oct. 1761.

Marie
21 déc. 1726 † ?

JEAN
Maitre des Eaux et Forêts
26 jan. 1728 † 24 nov. 1813
ép. le 14 juin 1768
Cécile de Bourbon
1741 † 22 mars 1807.

Magdeleine
20 déc. 1728 † ?
ép. le 19 nov. 1759
Etinne de Casenave.

Pierre (Liguest)
22 novem. 1729 † ?
fondatr de St Louis du
Missouri, ép. ?
Un fils.

Vincens
30 sept. 1730 † ?

Jean-Pierre
5 oct. 1731 † ?

Catherine
8 sept. 1732 † 30 juin 1741.

Pierre-Armand
Pau, 12 nov. 1769 † 5 août 1808,
à Saragosse,
Colonel du 6e dragons.

Pierre
Pau, 11 nov. 1770 † ?

Louise-Cécile
Pau, 3 oct. 1772 † ?
ép. le 30 sept. 1809
Pierre-François Garnot, receveur des douanes.

Joseph
Bedous, 11 juil. 1777 † 18 août 1780,
à Pau.

Jean-Pierre Armand Garnot
percepteur à Bedous
Bayonne, 29 janv. 1811 † 11 janv. 1870, à Bedous,
ép. Anna-Elisa Lagoardette, 1829 † 1862.

Marie Cécile Louise
épouse Alfred Madamet.

Marie Calixte Gabrielle

Henry
1859 † 1860.

II

PROCÈS-VERBAL D'ARPENTEMENT DU BOIS DE L'OUSSE

par Bernard Minvielle, arpenteur de la Maîtrise, le 3 juillet 1741, sur ordre du grand maître de Raimond.

Bois de Lousse situé au Pont Long, partie bois et partie lande, ledit bois totalement estêté et deshonoré, absolument sur son retour, ny ayant pas au delà de douze cens chênes qui paressent être venus naturellement et qui peuvent être de l'aage de plus de soixante dix ans, où étant nous aurions arpenté tout iceluy bois et lande que nous avons trouvé de la contenance de trois cent soixante quinze arpens et la moitié d'un quart et la moitié, faisant trente sept mille cinq cens vingt huit perches et demy, que nous avons ainsi arpenté en conformité de l'art. 14 du tit. 27 de l'ord. du mois d'août 1669. Et dans le dit terrain, il y a un ruisseau qui passe en serpentant au milieu du bois en divers endroits confrontant d'orient et midy avec le Pont Long, avec la métairie du sieur Bellard apellée le Normand et le chemin apellé le chemin Salié et le chemin qui va de Pau à Morlaas; Du Midy à l'occident avec les possessions et héritages de divers particuliers de Pau jusques à trois grandes pierres scellées sur le haut élevées sur la terre d'environ 4 pans, apellées vulgairement *peires blanques*, qui sont les bornes du terrain des communautés de Pau et de Lescar.

De l'occident au septentrion avec la lande du Pont Long jusqu'à la métairie du Normand, et attendu l'irrégularité dud. terrain et pour mieux faire comprendre en quoy consiste celuy que nous avons arpenté nous avons pris la ligne droite à la troisième borne de pierres blanches qui se trouve à considérer dont nous avions parlé, et avons dirigé ladite ligne jusques au coin de lad. métairie du Normand, et en un endroit où il y a deux gros châtaigniers qui se trouvent et forment la confrontation orientalle, et de là nous avons dirigé la ligne le long des fossés de la d. métairie du Normand jusques à un mur qui se trouve res de terre et ensuitte remontant le long du d. mur qui est au long de lad. metairie jusques au chemin apellé Salié qui traverse au milieu de la dite metairie; et de là en droite ligne à un grand piquet que nous avons fait enfoncer dans la terre presque le long du chemin qui mène de Pau à Morlaas, tournant du midy, traversant Lousse et jusqu'à la metairie apellée de Puyau; ensuite par la confrontation désignée le long des héritages et des possessions des d. particuliers de Pau jusques aux trois pierres blanches.

(Arch. B.-P., C. 145.)

III

RÉPONSE DU COMTE DE SÉGURE
A UN QUESTIONNAIRE DE M. LACLÈDE, DE PAU,
AUTEUR D'UN OUVRAGE SUR LA MATURE DES PYRÉNÉES, VERS 1751

1° S'il y a de belles forêts de sapins dans la Vallée d'Aure, comment les appelle-t-on et quelle est leur position?

Il y a des forêts généralement dégradées. Celles qui ont fourni les plus beaux arbres sont : Riou-Majou, Moudang et Couplan.

La première appartient aux communautés de Sailhan, Saint-Lary et Bourisp; la deuxième à celle de Tramesaïgues et la troisième à celle d'Aragnouet. Elles sont situées au midi de la Vallée et confrontent avec le royaume d'Aragon.

2° Quelle est la nature, la beauté, la longueur et le diamètre des sapins en général de cette Vallée?

Le bois sortant de ladite Vallée a les filaments très fins, assez flexibles, très durables, peu noueux. On a coupé nombre d'arbres de 150 pieds; il en reste encore quelques-uns de plus de 100 pieds qui auraient dans cette cime deux pams de diamètre, c'est-à-dire six pams de circonférence.

3° Si les sapins des vallons, pentes des montagnes, sont plus beaux, plus sains que ceux qui approchent des cimes?

Oui, la raison est naturelle y ayant plus de fonds que dans la cime, les arbres ont une plus grande abondance de substance végétative.

4° Si les sapins ont en général les bouquets ramassés et s'ils sont droits et nets?

Oui nets, droits, ramassés et superbes.

5° Quelle est la nature, la couleur de la terre des forêts, et s'il y a beaucoup de cailloutage et de ronces?

La terre y est noirâtre, il y a peu de cailloutage et de ronces beaucoup de rochers, très fertiles en fraises et en framboises.

6° Quel est le vice dominant des sapins de la Vallée d'Aure?

Le sapin y est presque éternel, peu sujet au ver, s'il est fait de lune, n'en déplaise à M. Pluche. Nous avons des bâtisses de sapins très entières depuis plus de 800 ans.

François MARSAN,
Curé de Saint-Lary.

(*Bull. Société Ramond*, 3e série, t. I, 1906, p. 74.)

IV

RÉCEPTION DE M. DE LACLÈDE PAR LE PARLEMENT DE NAVARRE

Led. jour premier juin mil sept cens soixante trois, la Grand' Chambre et celle de finances ayant été assemblées par ordre de Monsieur de Doat, président, il a dit que Jean Laclède, ayant été pourveu de l'office de Maître particulier des Eaux et Forêts de la présente ville, il a fait preuve de bonne vie, mœurs, religion catholique, apostolique, romaine, d'authorité de la Cour, chambre de finances, et ayant rendu ses devoirs à Messieurs, il demande l'enregistrement de ses provisions, surquoy lecture ayant été faitte d'icelles, de l'enquette, requettes, et pièces y jointes, la Cour a ordonné au greffier de faire entrer led. Laclède dans la chambre du Conseil, et étant debout entre les bureaux des deux greffiers, Monsieur le Président de Doat l'a interrogé sur l'ordonnance et sur la Pratique. Le récipiendaire ayant répondu aux argumens qui luy ont été faits, la Cour luy a ordonné de sortir; après quoy, ouy Faget Poms, avocat général, La Cour a ordonné que lesd. lettres de provision seront registrées es registres de la Cour pour jouir led. de Laclède de l'effet et utilité d'icelles. Conformément à la volonté du Roy et la charge du serment au cas requis, qu'à cet effet led. Laclède sera instalé par un Commissaire qui sera député, et ayant été rapellé, Monsieur de Doat, Président, luy a prononcé l'arrêt et led. Laclède étant debout près la porte, il a prêté son serment. Les droits d'enregistrement pour la Cour ont été taxés cent livres, et trente livres pour l'Hôpital.

Signé : DE DOAT.

(Arch. B.-P., B. 4560, p. 2.)

Extrait des registres du Parlement de Navarre du 21 juillet 1763

Vu par la cour, la grand chambre et celle des finances assemblées, la requette à elle présentée par le sieur Laclède, de Bedous, fils, avocat en Parlement, le 30 may dernier, contenant qu'il a plu au

Roy de le pourvoir de l'office de son-conseiller, maître particulier de la Maîtrise des Eaux et Forêts établie à Pau, que tenoit et exerçoit autres fois le s[r] Devicq, dernier titulaire. Que Sa Majesté luy en a fait expédier les lettres de provision, dattées à Paris le 9 mars dernier, qu'il joint à lad. requette, demandant ordonner qu'elles seront registrées ez registres de la Cour, pour jouir de l'effect et utillité d'icelles, et qu'il sera installé aud. état et office de Maître particulier, aux formes ordinaires, à la charge de pretter son serment; l'apointement rendu sur led. requette portant qu'elle sera montrée au procureur général, les conclusions du procureur général au bas, autre requette du même du 31 dud. mois de may, l'apointement sur icelle portant que par le sieur de St Saudens, conseiller à ces fins député, il sera procédé à l'enquette des vie, meurs, religion catholique, apostolique, romaine du supt; l'enquette faitte en conséquence par M. de St Saudens, le même jour, composée de cinq témoins. Autre requette dud. Laclède aptée de soit montré au procureur général, les conclusions du procureur général du même jour autre du même de cejourd'huy la distribution faite aud. s[r] de St Saudens, conseiller; ouy son raport l'examen suby à la chambre du Conseil par led. Laclède, les d. lettres de provision, pièces jointes, et le tout veu. Dit a été que, la Cour ordonne que les d lettres de provision seront registrées ez registres de la Cour, pour led. de Laclède jouir de l'effet et utillité d'icelles conformément à la volonté du Roy, à la charge de pretter son serment aux formes ordinaires; moyennant ce, ordonne lad. Cour que par le s[r] de Carrère, conseiller à ces fins député, il sera installé dans led. état et office de Maître particulier de la Maîtrise des Eaux et Forêts. Prononcé à Pau, en Parlement, la grand chambre et celle des finances assemblées, le premier juin mil sept cent soixante trois. De suite le greffier par ordre de la Cour a fait passer ledit sieur de Laclède en la chambre du Conseil, lequel a promis après serment de bien et fidellement exercer led. état et office de Maître particulier des Eaux et Forêts de Pau, dont a été collationné.

Signé : Puyol.

(**Extrait d'un registre de la Maitrise.**)

Procès-verbal d'installation de M. de Laclède

L'an mil sept cens soixante trois, et le trois juin, à trois heures de relevée, nous Tristan de Carrère, conseiller du Roy en la Cour, Commissaire député par arrêt du premier de ce mois pour installer le s[r] Jean de Laclède, M[e] particulier de la Chambre des Eaux et Forêts de la présente ville, nous nous sommes transporté, accompagné de Castaing, greffier en la Cour, du sieur de Laclède, précédé par Lamarque, huissier, qui se sont rendus dans notre hotel, ainsi que plusieurs procureurs, où nous avons pris les placets qui devoient être portés à l'audience de ce jour; arrivés au haut des degrés servant à monter pour aller à la salle de la chancellerie, où les officiers de la Maîtrise rendent leurs jugements, nous y avons été reçus par le lieutenant de la Maîtrise, le procureur du Roy, greffier et huissiers dud. siège; arrivés à lad. salle, nous avons siégé sur un fauteuil qu'on nous a dit être destiné pour le siège du Grand Maître, et en son absence pour le Maître particulier, ayant fait placer led. s[r] de Laclède sur une chèze à notre gauche, le lieutenant et le procureur du Roy de la Maîtrise ayant siégé à lurs places ordinaires. Après quoy il a été récité plusieurs placets. Nous avons écouté les procureurs et rendu nos jugements. Ce fait, nous avons levé la séance et pris led. sieur de Laclède par la main droite; nous l'avons fait siéger sur led. fauteuil ; moyennant ce il a été mis et installé en la pocession dud. office; ce fait les d. sieurs de Laclède, de Laborde, lieutenant et procureur du Roy, nous ont accompagné jusqu'à la porte de l'auditoire, et nous nous sommes retiré avec le greffier et huissier : arrivé dans notre hôtel nous y avons trouvé led. s[r] de Laclède, qui nous a remercié; de quoy et du tout nous avons dressé le présent procès-verbal. Signé : CARRÈRE, CASTAING, greffier. Receu pour les droits réservés trente six sols. A Pau le 23 juin 1763. Signé : LABAT. Loco barrét solvit au greffe une livre trois sols pour les deux tiers et deux sols pour livre : à Pau le 23 juin 1763. Signé : LACOUR. Collationné sur l'original déposé au greffe par moy greffier soussigné. Signé : CASTAING, greffier.

V

ORDONNANCE DE M. LE MAITRE PARTICULIER CONCERNANT LES BOIS DES ECCLÉSIASTIQUES, GENS DE MAINMORTE COMMUNAUTÉS ET PARTICULIERS

Sur ce qui nous a été remontré par le Procureur du Roy, que quoique l'Ordonnance des Eaux et Forêts du mois d'août 1669 ait été enregistrée et rendue publique dans la province de Béarn, Basse-Navarre et Païs de Soule, Sa Majesté s'étant déterminée par son édit du mois d'avril 1738 à créer cette Maîtrise, il n'a pas été possible d'arrêter tout à coup le désordre qui s'étoit glissé dans l'Administration des Bois Eclésiastiques, Gens de main morte et Particuliers, de façon que les propriétaires et marchands en usent encore arbitrairement sans observer aucune règle, en tout tems et toutes saisons, et avec tant d'excès qu'ils semblent avoir dessin de perpétuer les abus les plus préjudiciables, à la Conservation et à la Renaissance des dits bois. D'un côté ils ne retiennent le nombre des balivaux prescrits par les règlements ou ils ne conservent que les plus mauvais brins et les moins propres à venir en Futaye et fournir la graîne qui sert à repupler les vuides, d'autre côté ils n'exploitent les balivaux que sur les anciennes souches de manière que, par chaque nouvelle exploitation, elles acquièrent une nouvelle hauteur, ce qui porte un grand préjudice à l'espèce du bois; celui qui revient sur les souches ne pouvant être employé à aucune sorte de construction, ne peut produire que de mauvais bois et chauffage, au lieu que si elles étoient coupées à fleur de terre, elles formeroient dans leur naissance de belles rachées, dont le maître brin étant sur un pivot plus assuré, et ayant par cette raison plus de consistance, pourroit utilement être employé à différends ouvrages. Que les coupes des bois communs, loin d'être faites par gens entendus et distribuées ensuite avec économie sont livrées aux habitants après que les Maire et Consuls leur ont assigné ou vendu de leur autorité un certain nombre d'arbres sur pied : tellement que pour avoir une plus grande quantité de bois ou pour diminuer leur travail, ils écuissent et éclatent les brins et rachées, ou coupent les arbres à deux pieds de hauteur, ou laissent un creux dans les souches, de façon qu'étant entammées jusques dans leur racine, soit par l'éclat ou par l'eau qui filtre dans le vif, le rejet en avorte ou devient languissant; que cette exploitation devient d'autant plus pernicieuse qu'il est impossible, lors du récolement ou des visites générales, de reconnoitre les habitants qui ont mal exploité ou qui ont laissé le bois gissant après le tems de vuidange expiré, ou qui ont commis des délits, ce qui entraîne le désordre, la confusion et l'impunité; que l'usage que les Maire et Jurats sont de vendre les coupes ordinaires, sans en avoir obtenu la permission, est très contraire au bien général, indépendement des vices dont il a été parlé; les bois communs apartenant aux habitants, il est de l'ordre public, que tous en profitent et qu'on veille à leur conservation, ce qui ne peut se faire que par la nomination des gardes nécessaires et par une distribution générale des coupes, ou par une vente régulière; que le moyen de faire hausser le prix des bois est la publication de l'adjudication en différends endroits et la liberté donnée à toutes personnes, sans distinction des lieux, de se présenter aux enchères, de façon que, le produit étant porté aussy haut qu'il est possible, puisse servir aux affaires urgentes de la Communauté et empêcher une levée de deniers toujours accablante pour le Corps Politique; que sans cette Police les habitants qui n'ont pas de l'argeant pour acheter du bois ou qui n'en ont pas besoin, perdent ou la partie de bois qui leur auroit été distribuée ou le prix avantageux que des étrangers en auroient donné; que cette pratique est encore suivie de mauvais employ que la plupart des Maire et Consuls font du produit des ventes et des restitutions et domages prononcés au profit des communautés, ce qui exige d'autant plus d'attention qu'ils se font payer des vaccations, qu'ils employent, soit pour faire l'assiette des coupes, soit pour procéder aux adjudications, soit pour d'autres opérations; abus d'autant plus dangereux qu'ils se donnent la liberté de permetre qu'on ébranche et coupe des arbres, et qu'ils s'arrogent la connoissance des délits, abus, entreprises et malversations comis ez eaux et Forêts, usages, comunes landes, patis, paturages, panages, paissons et glandées; que les Com^res^ de Marine, ceux par eux préposés ou autres employés pour la construction et radoub des vaissaux, sous prétexte de visiter des bois propres pour la Marine, marquent où bon leur semble toute sorte de bois, et se licencient jusques à donner des permissions aux Communautés et Particuliers de couper leurs bois, lorsqu'ils jugent que les bois ne leur conviennent pas; que la ruine des bois ne provient pas seulement de tous ces abus, mais encore de ce que, pour la rendre généralle, on les extirpe en tout ou en partie, qu'on y introduit toutes sortes de bestiaux, qu'on y coupe des Futayes sans permission, sans avoir fait la déclaration au greffe de notre Maîtrise et sans même respecter ceux qui ont été marqués pour les bâtimens de mer; qu'on y charme, brûle, ébranche et écorce les arbres sur pied; qu'on y place des fosses à charbon et des foyers à chaux; qu'on y met le feu également qu'aux landes et bruyères dans tous les tems de l'année, le jour et la nuit, et principalement lorsque les vents du sud règnent; que soit par la nature du terrin, soit par les différends arbustes dont les terres vaines et vagues abondent, le feu, venant à gagner, cause souvent des incendies qui dévorent tant les bois de chênes, hêtres, sapins et buis des montagnes, que ceux de la plaine; que l'usage où l'on est de couper les bois en haut taillis est encore si préjudiciable qu'ils ne sont propres ny pour la charpente, ny pour la construction. En effet l'eau venant à filtrer dans le vif des arbres et la sève n'ayant plus la même circulation, il se forme des obstructions dans les canaux et conduites, d'où il arrive des assèchements et des caries dans les fibres et contentures; tellement que les arbres dépérissent et deviennent secs et vermouleux dans le tems qu'ils devroient croître ou s'entretenir dans leur vigueur; que l'usage où la pluspart des Maire et Consuls font de se faire remettre les registres des gardes des bois communs, pour les garder des semaines entières, devient d'autant plus abusif que cette rétention sert journellement de prétexte aux d. gardes pour colorer leur retardement à faire le raport de leurs Procès verbeaux ou leur négligence à constater les délits, abus et malversations; que toutes ces différentes causes concourroient à la destruction des bois, perte d'autant plus considérable qu'ils pourroient former, non seulement une ressource perpétuelle pour les arsenaux de Sa Majesté, mais encore une branche de commerce très avantageuse pour le ressort de notre Maîtrise par leur bonne qualité et par la facilité qu'il y a de les extraire, soit par les nouvelles routes qui le traversent, soit par les rivières flotables qui les baignent. A ces causes, le Procureur du Roy nous requiert que pour prévenir de pareils désordres, faire régner la police, et afin que personne ne puisse ignorer les dispositions des ordonnances, arrêtés du Conseil et règlements sur la matière, de vouloir rendre en conformité notre ordonnance et prononcer les peines portées par iceux contre les contrevenants. Signé : Canner.

Nous ayant égard à la remonstrance et réquisition du Procureur du Roy et y faisant droit, renouvelant, en tant que de besoin seroit, les deffences portées par l'ordonnance des Eaux et Forêts du mois d'août 1669, arrêtés et réglemens sur ce intervenus, ordonnons ce qui suit :

Bois ecclesiastiques et gens de main morte

Article premier.

Deffendons à tous Prélats, Abbés, Prieurs, Officiers et Communautés Eclésiastiques, tant séculiers que réguliers, économes, administrateurs, recteurs et principaux de Collèges, hôpitaux et maladreries, commendeurs et procureurs de l'Ordre de St Jean de Jérusalem de la province de Béarn Basse-Navarre et Païs de Soule, étendue et département de notre Maîtrise, de couper aucun arbre de Futaye ou balivaux sur taillis, soit dans les bois où les aménagements ont été introduits, soit dans ceux où ils ne l'ont pas été, de toucher au quart mis en réserve et de rien entreprendre au delà des coupes ordinaires et réglées, sinon en vertu d'arrêts du Conseil et lettres patentes duement vérifiées, sur les peines portées par l'ordonnance des Eaux et Forêts du mois d'aout 1669 et Règlements du Conseil.

Art. 2.

Leur faisons semblables deffences de faire élaguer, ébrancher, étêter ou autrement deshonorer aucuns arbres Futayes et Balivaux sur taillis, d'envoyer ny souffrir qu'il soit mené ny conduit dans les bois aucuns bestiaux jusques à ce que les recreus des bois qui auront été coupés ayent été déclarés deffensables, à peine d'amende et de confiscation des bestiaux.

Art. 3.

Il sera réservé 25 balivaux de l'âge des bois, en chacun arpent, des plus beaux brins de chêne s'il se peut, hêtre ou autres de la meilleure esence, outre et par dessus les anciens, modernes et fruitiers.

Art. 4.

Les bois tant de Futaye que de taillis seront coupés et abatus dans la première quinzaine d'avril, et le tems de vuidange réglé suivant la possibilité des forêts, à peine d'amende arbitraire et de confiscation des marchandises.

Art. 5.

Les Futayes seront coupées le plus bas que faire se pourra, et les taillis abatus à la coignée à fleur de terre sans les écuiller ny éclater en sorte que les brins des cépées n'excèdent la superficie de la terre, s'il est possible, et que tous les anciens nœuds recouverts et causés par les précédentes coupes ne paroissent aucunement.

Art. 6.

Les arbres seront abatus en sorte qu'ils tombent dans les ventes ou coupes sans endomager les arbres retenus, à peine de domages intérêts envers qui il apartiendra.

Art. 7.

Les arbres de cépées ne seront abatus et coupés à la serpe ou la scie, mais seulement à la coignée à peine contre ceux qui les exploiteront de cent livres d'amende et de confiscation de leurs marchandises et outils des ouvriers.

Art. 8.

Les Ecclésiastiques et gens de main morte, ou adjudicataires des bois seront tenus de faire couper, recéper et ravaler le plus près de terre que faire se pourra toutes les souches et estours de bois pillés et rabougris étant dans les ventes ou coupés, à peine d'y être mis des ouvriers à leurs frais et d'amende arbitraire.

Art. 9.

Le temps des coupes des bois et vuidanges désigné étant expiré, s'il se trouve des bois dans les ventes sur pied et abatus, ils seront confisqués et le gissant incessamment transporté hors de la forest.

Art. 10.

Faisons deffences aux Ecclesiastiques et gens de main morte de faire deffricher aucuns bois dépendants de leurs bénéfices à peine de trois mille livres d'amende pour chaque arpent de Futaye, et de trois cent livres d'amende pour chaque arpent de taillis et d'être tenus en outre de rétablir les bois à leurs frais et dépens.

Art. 11.

Leur deffendons pareillement de vendre, ny donner à titre de cens et rentes, aucuns bois dépendant de leurs bénéfices, à peine de nullité et de cinq cens livres d'amende.

Art. 12.

Leur enjoignons en outre de préposer et de faire recevoir incessamment au siège de notre Maîtrise, le nombre de gardes suffisant pour veiller à la Conservation des bois dépendants de leurs bénéfices, sinon il y sera pourvu à la dilligence du Procureur du Roy.

Art. 13.

Bois apartenants aux Communautés d'habitans des villes et Parroisses.

Les Maire, Consuls, sindics et habitans des villes et Parroisses seront tenus de se conformer exactement pour la Conservation et l'exploitation des bois de leurs villes et parroisses, à ce qui vient d'être prescrit et expliqué, par les articles cy-dessus et sous les mêmes peines.

Art. 14.

L'assiette des coupes ordinaires sur d. bois communs sera faite sans frais par les Maire et Consuls des lieux, en présence du sindicq et de deux députés de la Parroisse, et les Pieds corniers, arbres de lisière et balivaux marqués du marteau de la Communauté.

Art. 15.

Les Maire et Consuls pourront commettre pour l'assiette l'arpenteur ordinaire ou tel autre qu'ils jugeront plus comode, mais le récolement se faira pour le plus tard six semaines après les tems des vuidanges expiré, par l'arpenteur juré de notre Maîtrise, à peine de nullité, cinq cens livres d'amende et d'interdiction contre les Maire et Consuls qui contreviendront à ce que dessus.

Art. 16.

Les coupes seront faites à tire et à aire, par gens entendus choisis aux frais de la communauté et capables de répondre de la mauvaise exploitation, pour être ensuite distribuées suivant la coutume : en conséquence faisons inhibitions et deffences aux Maire et Consuls de distribuer aux habitans les arbres étant sur pied.

Art. 17.

Si pour le plus grand avantage de la Communauté il étoit jugé à propos qu'il se fit vente des coupes ordinaires, les Maire et Consuls et sindicqs en obtiendront la permission et seront tenus de procéder sans frais à l'adjudication avec les formalités prescrites pour la vente des bois du Roy; et les deniers en provenant ne pourront être employés qu'aux réparations extraordinaires ou affaires urgentes de la Communauté, à peine de répétition de quatruple et de 500 livres d'amende contre les Maire, Consuls, Sindicqs ou principaux habitans qui les auront divertis; en conséquence, faisons très expressses deffences aux d. Maire et Consuls de vendre par pied d'arbre les coupes ordinaires et d'exclure des adjudications les personnes non prohibées, de quelques lieux quelles soient, à peine d'amende arbitraire et tels domages intérêts qu'il appartiendra.

Art. 18.

Ordonnons que les restitutions, domages intérêts, adjugés aux Communautés pour entreprises faites, abus ou délits commis en leurs bois, eaux et usages, soient mis en mains du sindicq ou d'un notable habitant qui sera nommé à cet effet à la pluralité des suffrages, pour être le tout employé comme dessus aux réparations et nécessités publiques.

Art. 19.

Seront tenus les habitans de préposer et faire recevoir incessamment au siège de notre Maîtrise le nombre de gardes suffisant pour veiller à la Conservation des bois communs, si non il y sera pourvu à la dilligence du Procureur du Roy avec taxe de sallaires qui seront payés par la Communauté; deffendons aux Maire et Consuls de se faire remetre les registres des gardes des bois pour les garder sous quelque prétexte que ce soit; ordonnons néanmoins aux d. gardes de les leur représenter, sans déplacer, lors qu'ils en seront requis, aux fins de faire les vérifications nécessaires pour l'avantage de la Communauté.

Art. 20.

Faisons très expresses inhibitions et deffences aux Maire et Consuls de connoitre, pour quelque cause ou sous quelque prétexte que ce soit, d'aucuns délits, abus, entreprises et malversations commis ès Eaux et Forêts, usages, communes landes, pâtis, paturages, panages, paissons et glandées, à peine de nullité et d'amende arbitraire; en conséquence leur deffendons de donner aucune permission d'ébrancher, étêter et couper aucuns arbres, sous les peines des ordonnances et règlements.

Art. 21.

Bois apartenant aux Seigneurs et Particuliers.

Enjoignons à tous Particuliers, sans exception ny différence, de régler la coupe de leurs bois taillis au moins à dix années avec réserve de seize baliveaux en chacun arpent, et seront tenus d'en réserver aussy dix des ventes ordinaires de Futaye, et d'observer en l'exploitation ce qui est prescrit pour l'usance des bois de Sa Majesté, aux peines portées par les Ordonnances et règlements.

Art. 22.

Deffendons à tous propriétaires ou possesseurs, de quelque qualité ou condition qu'ils soient, d'exploiter les bois en haut taillis, même ceux qui l'auroient été précédamment, à peine de trois mille livres d'amende; n'entendons néanmoins comprendre dans les deffences les arbres épars ou ceux qui pourroient être crûs dans les hayes.

Art. 23.

Leur faisons deffences pareillement de couper ny faire abatre aucun arbre Futaye, soit en corps de bois, balivaux sur taillis ou arbres épars, dans quelques lieux et endroits qu'ils soient situés et à quelque distance que ce soit de la mer, ou des rivières navigables, sans en avoir obtenu la permission ou fait six mois auparavant leur déclaration au greffe de notre Maîtrise, et avoir fait mention de la quantité, qualité, essence, âge et situation des d. bois, à peine de trois mille livres d'amende, et de confiscation des bois coupés.

Art. 24.

Faisons deffences à tous commissaires et autres officiers de Marine, ou à ceux par eux préposés pour visiter les bois, de procéder aux sus dittes visites, et à la marque des arbres propres pour la Marine, autrement que suivant les règles prescrites par le titre 21 de l'ordonnance du mois d'août 1660 et l'arrêt du Conseil du 21 7bre 1700 : comme aussy de donner aucune permission, sous quelque prétexte que ce puisse être, de couper aucuns arbres dans les bois de Sa Majesté, des communautés ou des particuliers, à peine de trois mille livres d'amende et restitution du double de la valeur des bois coupés.

Art. 25.

Faisons deffences à tous Propriétaires ou possesseurs de faire abatre à l'avenir, sous quelque prétexte que ce soit, aucun des arbres de Futaye ou épars ou balivaux sur taillis qui auront été marqués du marteau de la Marine pour le service présent, soit à venir, de la dite Marine, à peine de confiscation des arbres et balivaux et de trois mille livres d'amende pour la contrevention qui ne pourra être réputée cominatoire et de plus grande peine en cas de récidive; enjoignons aux Commissaires de la Marine de dénoncer ceux qui contreviendront tant au présent article qu'au vingt-troisième de la présente ordonnance.

Art. 26.

Deffendons à toutes sortes de personnes sans distinction de couper aucuns arbres, soit Futaye ou taillis, en tems de sève, et les charmer ou brûler, de les peler ou écorcer sur pied, et seront les fours à chaux construits à cent perches de distance des bois, et les fosses à charbon placées aux endroits les plus vuides et les plus éloignés des arbres et du recru, sous les peines portées dans l'ordonnance du mois d'août 1669.

Art. 27.

Leur faisons deffence, et sous les mêmes peines que celles portées dans l'article 2 de la présente ordonnance, d'envoyer aucuns bestiaux dans les bois jusqu'à ce que le rejet soit au moins de six ans, et de les faire défricher en tout ou en partie sans permission expresse de Sa Majesté.

Art. 28.

Deffendons à tous Particuliers, Pasteurs, Bergers et autres de porter du feu, ou d'en allumer dans les forêts, landes et bruyères de Sa Majesté et celles des Communautés et Particuliers, à peine d'être condamnés pour la première fois au Fouet et en cas de récidive aux galères; leur deffendons pareillement de mettre le feu de dessein prémédité dans les landes, bruyères et dans les autres lieux des bois et forêts, à peine, en cas de conviction, d'être punis de mort et d'être condamnés en tels domages intérêts qu'il apartiendra.

Art. 29.

Ordonnons que dans le cas où il seroit jugé nécessaire de mettre le feu aux landes et bruyères pour faire venir des herbes ou autrement, les Particuliers ne pourront le faire que depuis le 15 mars de chaque année jusqu'au 15 may inclusivement, et ce les jours de dimanche et fêtes seulement, à l'issüe de la grande messe, de l'avoir et consentement des parroissiens qui y auront assisté, lesquels seront assemblés à cet effet à la dilligence des Sindicqs, Maire et Consuls des Communautés et commetront quelques uns d'entre eux pour se transporter sur les lieux et être presents lorsqu'on mettra le feu aux dites landes et bruyères; leur enjoignons de prendre le tems et les précautions nécessaires pour empêcher qu'il n'arrive aucun accident, à peine contre les propriétaires, pasteurs et autres qui auront mis le feu aux landes sans avoir averti les parroissiens, et hors la présence de ceux qui auront été commis pour y assister, d'être solidairement responsables des domages que les incendies pourroient causer, et même en cas d'insolvabilité d'être condamnés aux galères pour neuf ans.

Art. 30.

Enjoignons aux gardes des Eaux et Forêts de veiller à l'exécution de la présente ordonnance, et en cas de contrevention de faire leurs procès-verbaux et raports contre les contrevenants; deffendons à toutes personnes, de quelque état et condition qu'elles soient, de mal faire aux dits gardes ou de les troubler en la fonction de leurs charges, à peine d'être punis suivant la rigueur des ordonnances; en conséquence enjoignons aux Maire, Consuls, Prévôt général ses lieutenans, exempts, archers et autres officiers de justice de l'étendue de notre Maîtrise, de prêter main forte à l'exécution de nos ordonnances et jugements; et sera notre présente ordonnance enregistrée au greffe de notre Maîtrise, imprimée, lue, pupliée et affichée partout où besoin sera, et signifiée à qui il apartiendra, à la requête du Procureur du Roy, à ce qu'auqu'un n'en ignore et exécutée nonobstant oppositions ou apellations quelconques, pour lesquels ne sera différé et sans préjudice d'icelles s'agissant de l'exécution d'un fait de police. Ce fut fait et donné par nous *Jean de Laclède*, conseiller du Roy, Maître particulier des Eaux et Forêts de la Province de Béarn, Basse-Navarre et Païs de Soule, à Pau le dix-huit septembre mil sept cens soixante quatre.

Signé : Laclède.

(Arch. B.-P., B. 4002, pp. 44 à 51. Du 20 septembre 1764.)

VI

Ordonnance du 6 septembre 1766

De par le Roy *ordonnance de M. le Maître Particulier des Eaux et Forêts de la province de Béarn, Basse Navarre et pays de Soule portant qu'il sera fait le* 16 *septembre* 1766 *huée et chasse aux loups, renards, blereaux, loutres et autres bettes nuisibles dans les bois, buissons et landes du Pont Long et terres y attenantes.*

Du six septembre 1766.

Sur ce qui nous a été représenté par le procureur du Roy : qu'il a été instruit que quantité de loups se seroient répandus dans les bois, buissons, landes du Pont Long et terres y attenantes; de manière à exciter dans les villes et paroisses riveraines l'allarme, d'autant plus fondée qu'ils auroient attaqué nombre de jumens, mulets, vaches, veaux et fait de si grands ravages sur des troupeaux de brebis et moutons, que l'on n'ose plus mener les bestiaux dans les pacages communs, ce qui occasionne la ruine des tenanciers et propriétaires, en leur enlevant des fourages destinés pour la saison la plus rude; que ces animaux pressés par la faim, ne se trouvant que peu de ressources dans les campagnes pour l'assouvir, pourroient s'approcher des fermes, des villages et même des villes pour se jetter sur ce qu'ils rencontreroient; ce qui seroit tellement dangereux pour l'espèce humaine qu'ils sont d'une adresse incroyable pour quêter leur proye, que les portées de louves étant de trois, six et sept, ces animaux pourroient se multiplier avec tant de facilité que lorsque ils ont des petits, ils sont alertes pour éviter les pièges qu'on peut leur tendre et que lorsque ils se voyent poursuivis ils font des traites extrêmement fatiguantes pour ceux qui les poursuivent; qu'occupés sans cesse à ruser ils saisissent le premier faux-fuyant ou quelque coulée favorable, quittent leur litteau, gagnent quelques fois les forts et les clairières, souvent les marres et les ruisseaux, leurs allures étant différentes et relatives à l'état où ils se trouvent. L'intérêt public et particulier doit porter à leur faire la guerre. L'article 19 de l'ordonnance d'Henry III, donnée à Paris en janvier 1583, enjoint aux grands Maîtres et Maîtres particuliers des Eaux et Forêts de faire assembler un homme par feu de chaque paroisse de leur ressort, avec armes, chiens propres pour la chasse des loups, renards, blereaux, loutres et autres bettes nuisibles trois fois l'année, au temps le plus propre et le plus commode qu'ils aviseroient pour le mieux ; que cet article confirmé par l'article 37 de l'ordonnance du mois de may 1507 et par les articles 4 et 7 des ordonnances du mois de janvier 1600, juin 1601 et juillet 1607, doit être si expressement exécuté que par l'article 1 du titre 30 de l'ordonnance des Eaux et Forêts du mois d'août 1669, le Roy veut que les ordonnances des Rois ses prédécesseurs sur le fait des chasses, et spécialement celles du mois de juin 1601 et juillet 1607 soient observées en toutes leurs dispositions auxquelles il n'a point été dérogé et qui ne contiendront rien de contraire à la dite ordonnance du mois d'août 1669; que le Conseil ayant rendu sur ce fondement plusieurs arrêts en datte des 2 octobre 1696, 26 février 1697 et 16 janvier 1608, il est de l'intérêt public de faire cesser des maux qui ne sont déjà que trop grands; mais comme il seroit difficile de détruire les loups par des huées et chasses particulières qui pourroient être ordonnées dans chaque paroisse riveraine du Pont Long, il paraîtrait convenable d'en faire une générale, le même jour, de manière que les loups, renards, blereaux et loutres, étant encernés et pressés de tous les côtés, ne pussent éviter d'être pris; que le moyen le plus assuré pour y parvenir seroit que chaque paroisse riveraine place deux ou trois chasseurs avec fusils dans les avenues et que l'on batit ensuite les bois, buissons, bruyères, marres et ruisseaux, afin d'amener les loups aux défenses et aux accourres; que comme le grand bruit anime ces bêtes voraces à s'enfuir et qu'ils tiennent sept heures de suite, il paroitroit avantageux de rendre ce bruit bruyant par le son des timbales, tambours, cors de chasse, trompetes et cresselles; que pour batre le Pont Long et ses reins avec succès, il paroitroit encore convenable que les paroisses riveraines formassent deux lignes; que la droite fût composée des habitants de Beyrie, Poey, Lescar, Lons, Bilhère, Pau, Bisanos, Aressy, Meillon, Idron, Lée, Ousse, Assat, Bordes Artigueloutan, Angaïs et Beuste, et la gauche de ceux de Bougarber, Usein, Caubios, Bournos, Sauvagnon, Serres, Montardon, Bernadets, Romas, Buros, Morlaas, Serres-Morlaas, Sendets, Ouillon, Andoins, Nousty, Soumoulou et Limendous; que les chasseurs des paroisses situées aux deux extrémités des deux lignes commençassent à battre à la même heure; qu'ayant joint ceux des paroisses voisines ils continuassent leur exercice ensemble et ainsy successivement jusques auprès de la forêt royale du Larron et Barail, assise au Pont Long, où devroit être le point de réunion de tous les chasseurs; lesquels devroient former alors une ligne autour de la forêt, laquelle se trouvant en partie peuplée de chênetaux naissants, il seroit à craindre que les chasseurs ne causassent des domages considérables, s'ils y entroient en troupes; de manière que pour y obvier, il conviendroit d'en deffendre l'entrée et de la déclarer close le jour desdites huées et chasse, sans préjudice de placer dans les forts le nombre de chasseurs que nous estimerions nécessaire pour la battre. Qu'indépendemment de ces mesures on ne sçauroit trop exciter l'émulation des chasseurs par des récompenses attachées sur chaque tête de loup conformément aux ordonnances royaux : à ces causes le procureur du Roy nous a requiert ordonner conformément aux ordonnances des années 1597, 1600,

1601, 1667 et 1669 et réglemens du Conseil, qui sera fait huées et chasse générale aux loups, renards, bléraux, loutres et autres bêtes nuisibles dans l'étendue du Pont Long et reins d'iceluy, ainsi et dans la forme que nous estimerons convenable pour le plus grand bien, lad. remontrance signée : Cannet.

Nous ayant égard à la remontrance et réquisition du procureur du Roy et y faisant droit ordonnons conformément aux articles 10 de l'ordonnance du mois de janvier 1583, 37 de celle de 1594, 4 et 7 de celle du mois de janvier 1600, juin 1601 et juillet 1607, le titre 30 de celle du mois d'août 1669 et aux autres règlemens du Conseil, qu'à notre assistance et celle des autres officiers de la Maîtrise : il sera fait le seizième du présent mois de septembre huées et chasse générale aux loups, renards, bleraux, loutres et autres bettes nuisibles dans l'étendue du Pont Long et reins d'iceluy. A ces fins enjoignons aux maires, jurats et sindicqs des villes et paroisses de Beyrie, Poey, Lescar, Lons, Billères, Pau, Bizanos, Aressy, Meillon, Idron, Lée, Ousse, Assat, Bordes, Artigaloutan, Angaïs, Beuste, Nousty, Soumoulou, Limendous, Andoins, Ouillon, Sendets, Serres-Morlaas, Morlaas, Buros, Romas, Bernadets, Montardon, Serres, Bournos, Caubios, Bougarbé et Uzein, de faire trouver un homme par feu lesd. jour et heure dans les lieux de leur juridiction, où les huées et chasse devront commencer, avec armes, chiens, tambour et autres instrumens; ordonnons que les maires, jurats, sindics ou autres par eux commis, choisiront le nombre des chasseurs qu'ils estimeront convenable pour les placer avec fusils aux avenues, défenses et accourres les plus favorables, une heure avant que les huées et chasse ne commencent, lesquels maires, jurats et sindics seront tenus de battre les bois, buissons, bruyères, marres et ruissaux du Pont Long et terres y attenantes par les autres chasseurs; leur deffendons de battre ny faire battre jusques à ce que les chasseurs des quatre extrémités des deux lignes formées à la droite et à la gauche du Pont Long par les paroisses riveraines, ayent battu leur canton et joint les chasseurs des villages voisins qui se trouvent sur leur ligne, pour continuer des huées et chasse, lesquels chasseurs desd. extrémités seront tenus de commencer à battre à sept heures du matin précisément; ordonnons que la première réunion faite, les chasseurs batteront ensemble et en se dispersant dans les endroits les plus propres pour la levée et prise des loups et autres bettes nuisibles; lesquels devront se tenir successivement avec les chasseurs des autres paroisses jusqu'à ce que les deux lignes se trouvent à cent perches de distance de la forêt royale du Larron et Barrail, située au Pont Long et en perspective aux villages de Buros et Montardon : Déclarons lad. forêt du Larron et Barrail close led. jour de chasse, avec défenses aux chasseurs et à tous autres d'y entrer à peine de cent livres d'amende, sans préjudice d'y placer tel nombre de chasseurs que nous estimerons nécessaires pour la battre : ordonnons que les chasseurs qui prendront des loups et autres betes nuisibles lors desd. huées et chasse nous les représenteront, sans préjudice de leur être fait taxe pour les prises qu'ils auront faites : défendons auxd. chasseurs de tirer sur autre espèce de gibier que ce soit sous les peines portées par les ordonnances : ordonnons que procès-verbal sera dressé par nous et les autres officiers de la Maîtrise, tant des prises *qu'il* seront faite que ce qui se passera à lad. chasse de contraire aux ordonnances royaux; ordonnons que les maires, jurats et sindics dresseront procès-verbal, tant de l'absence des habitants qui manqueront de se rendre dans les lieux qui seront par eux indiqués led. jour et heure, que du désordre qui pourroit être commis par leurs chasseurs aux d. huées et chasse; lesquels procès-verbaux ils remetront trois jours après au greffe de notre Maîtrise pour y être par nous statué ainsi qu'il appartiendra. Ordonnons au surplus que notre présente ordonnance sera enregistrée au greffe de notre Maîtrise, imprimée, lue et publiée par tout où besoin sera et même signifiée à qui il appartiendra, à la diligence du procureur du Roy. Ce fut fait et donné par nous Jean de Laclède, conseiller du Roy, Maître particulier des Eaux et Forêts de la province de Béarn, Basse-Navarre et Pays de Soule, le 6e septembre mil sept cens soixante six.

Signé : LACLÈDE.

(Arch. B.-P., B. 4002, pp. 92 et suiv.)

VII

OBSERVATIONS DE NOBLE JEAN DE LACLÈDE, *seigneur de Saint-Sauveur de l'Ousse, Maître particulier des Eaux et Forêts, à l'appui de sa requête présentée aux Etats Généraux de la Souveraineté de Béarn* SUR LES DEVOIRS ET LES PRIVILÈGES DE SON FIEF, 13 pages, Pau, P. Daumon, Imprimeur du Roi, 1789. (Bibliothèque L. Bauby.)

SOMMAIRE

La requête traite d'une manière générale de la Souveraineté, de la Vassalité et des fiefs. « Les Béarnais, libres d'origine, ont conservé par la valeur et la vertu le caractère propre à posséder des fiefs et à parvenir aux premiers emplois de l'épée et de la robe. »... « le sang béarnais a ses droits, ils seront à jamais les mêmes ». Et il demande à être reçu dans le corps de la Noblesse pour y avoir rang, séance et voix délibérative en qualité de seigneur de St Sauveur de Lousse. —

La requête est suivie d'observations qui sont des considérations juridiques et aussi des considérations générales sur les fiefs, spécialement les fiefs en Béarn. « Le fief de St Sauveur de Lousse est de même nature que tous ceux de la province: l'investiture me lie pour les devoirs, comme elle me garantit les droits de l'Alliance: l'assistance aux assemblées des Etats les remplit: je dois donc user de ces droits. »

VIII

NOUVELLES OBSERVATIONS DE NOBLE JEAN DE LACLÈDE, *seigneur de St Sauveur de Lousse, Maître particulier des Eaux et Forêts, à l'appui de sa requête présentée aux Etats Généraux de la Souveraineté de Béarn* SUR LES DEVOIRS ET LES PRIVILÈGES DE SON FIEF. 7 pages. Pau, P. Daumon. (Bibliothèque L. Bauby.)

« Le fief est un héritage à foi et hommage et à la charge de certains devoirs. Le fief dans le Béarn relève du Souverain, il est noble, celui de St Sauveur de l'Ousse est de même nature que les autres; c'est parce que le fief est noble et qu'il est le bien de l'alliance avec le Souverain qu'un vassal a les mêmes devoirs, les mêmes droits et les mêmes prérogatives que les autres vassaux » « La justice et le fief peuvent être démembrés, mais la foi et hommage sont toujours attachés au principal manoir ou glèbe. » — « Pierre de Buisson possédait dans le territoire de Pau une terre roturière: il obtint des lettres patentes d'anoblissement le 22 février 1613 et eut droit pour lui, ses successeurs et ayant droit et cause d'être appelé aux Assemblées qui se feraient dorénavant des Etats Généraux, pour y avoir entrée, séance, voix délibérative ». « Toute terre anoblie à foi et hommage porte dans son sein un droit qu'elle transmet au possesseur pour avoir séance et voix délibérative dans les Assemblées des Etats Généraux. A plus forte raison les mêmes honneurs et les mêmes droits sont-ils attachés à un fief noble qui par sa nature assujettit le vassal à foi et hommage ». « Les parties démembrées ne contraignent à foi et hommage parce qu'elles n'embrassent aucuns devoirs; elles ne transmettent aucuns droits parce qu'elles sont sans caractère féodal ».

« Le fief de St Sauveur de l'Ousse, de contenance de 358 arpents 18 perches, est attenant à la lande du Pont Long qui a sept lieues de longueur sur une de largeur, la vallée d'Ossau en est propriétaire, la ville de Pau et les autres paroisses riveraines y ont des usages sans bornes.

Le fief de St Sauveur de l'Ousse fut concédé par lettres patentes du 13 novembre 1770 enregistrées en la Cour du Parlement, comme était un corps domanial, distinct de tous héritages particuliers.

Ce fief attaqué dans sa naissance par la ville et communauté de Pau sur les cris d'un essaim de paysans excités par le manège de l'envie sourde, fut soutenu et fortifié dans toute son intégrité par un arrêt de la Cour du Parlement du 17 avril 1771 et par un autre du Conseil du 9 juillet de la même année. C'est au milieu des vagues qu'il a pris de la consistance pour le bien de l'humanité. Si la distinction des fiefs pouvait être calculée sur les avantages publics, celui de St Sauveur de l'Ousse aurait des droits puissans par la contenance et variété du sol, par le devoir du défrichement et déséchement, par la constance et les dépenses qu'il exige pour son administration, sauvage et hérissé de tuye, de bruyère et de jonc dans le principe; il commence à offrir à la Patrie des gerbes, des aromates, des bois et des expériences variées pour la circulation des eaux et la création des bois dans les terres garnies de plantes parasytes et meurtrières, sans les défricher.

C'est au zèle et au courage que ce fief m'a inspiré par un caractère agreste et insurmontable aux yeux des préjugés que je dois les succès de mes entreprises, et la protection dont le Gouvernement veut honorer mes travaux et mes vœux. L'expression flateuse de ce généreux encouragement est consacrée dans les arrêts du Conseil des 17 mars 1778 et 26 juin 1781. »

IX

DÉLIBÉRATION DES ÉTATS DE BEARN DU 12 FEVRIER 1789

La commission chargeade d'examinau la requeste de M. de Laclède, demandan esta recebut dens lou corps de la noblesse côm maïste et possessour dou fief de St Sauveur de Lousse, a bist las lettres deu Rey deu 5 Xbre 1770 portan infeodation en fabvour de M. de Cazenave de très cents cinquante oeyt arpants, vingt et cinq perches de l'ancienne forest de Lousse den lou Pont Long, à la charge per luy de lous convertir en cultures dens lou termy de dets anneyes, de paguau au Rey une redevence de dûs sôs per arpant ab lous drets feodaux à las mutations et de prestau fê et homatge à Sa Majestat à cas qu'une moubence de seignour et de vassal.

Lous actes deus 14 juin 1764 et 13 août 1766 per lousquoals M. Cazenave a reconnegut que luy abé agit per M. de Laclède, l'arrest du Parlement crampe de comptes et finances de Navarre deu 8 jeneu 1771 per louquoal ed fou ordonnat que M. de Laclède seré metut en possession per un Commissary de la Cour et lou procès-verbal de son installation deu lendoumaa 9 jeneu et l'acte d'hommage per luy rendut lou 18 Xbre 1788. M. de Laclède expause que janie ed nou sie pas exprimat den l'acte d'infeodation, que luy joueyra deu dret d'entran aux Estats, aquet dret es estacat per la Constitution à son fief, lou corps de la Noblesse dens l'assemblade deus estats esten composats de touts lous vassaux deu pays.

Touts lous propriétaires de biens nobles, ajouste luy, nou son pas recebuts aux estats, èd neré ès pas juste d'y admetten touts lous possessours de demembrements ou sections de fiefs, çô serè trop multiplian lous drets d'entrade, et lous possessours de las portions demembrades deus fiefs son representats per acquet qui a retiengut la glèbe, ab lou dret d'entran per lou corps entier deu fief. Mes lou possessour d'un nabat fief acquet qui se presente ab l'acte d'infeodation, et côm maëste et possessour deu corp entier deu fief, qui per aquin et chens degun doute au nombre deus vassals deü pays, deu estan admettut chens difficultat dens l'assemblade de tous lous vassals, luy a lou dret d'y deffendeu personnellemen sous drets, luy nou pot y estan representat per personne. Lous reglemens de 1654, 1704 et 1712 ajuste encouère M. de Laclède, confirmen lous principes.

Acquets reglemens nou agoun per objet, que de prebienneu la multiplication deus drets d'entrade per lous demembrements dous fiefs, en empechan que lous possessours de sections de fiefs qui nou son pas vassaux, nou foussen admetuts côm lous vrays possessours deu corps entier, ou de la principale glèbe dous fiefs, qui en an retiengut lous drets et qui son touts tienguts deux debers envers lou Souverain.

Las precautions prèzes per acquet reglement, per prébiennen la multiplication deus drets d'entrade, per lou demembrement dous fiefs, confirmen lou principe sus lousquoal M. de Laclède se fonde.

que lou proprietary deu corps entier deu fief deu estau admetut chens difficultat, en rapporta son acte d'inféodation. Luy ajuste enfin qu'on nou deu pas craigneu une grande multiplication de drets d'entrade per la vie de pareilles infeodations puisque lou Souverain nou possède plus en Bearn qu'un très petit nombre de domains qui en sies susceptibles.

La Commission aben examinat la requeste et lous memoris de M. de Laclède et lous reglements de 1704 et 1712 a pensat que lou reglement de 1654 deffend dens lous termis lous plus exprès et lous plus plus absoluts, d'admetten dans l'assemblade deus estats lous possessours d'autres noblesses qu'acquets qui à la datte d'acquet reglement aben un dret incontestable d'y entran. Lous règlements séguients noa an portat degune atteinte a d'aquère disposition précise d'aquet de 1654.

En consequency la Commission es d'abis unanimement que la demande de M. de Laclède nou pot estau admetude. Susque après lecture deus reglements de 1654, 1704 et 1712.

(Arch. B.-P., C. 825, pp. 228 et suiv.)

X

OBSERVATIONS DE NOBLE JEAN DE LACLÈDE, *seigneur de Saint Sauveur de Lousse, Maître particulier des Eaux et Forêts*, SUR LES RÈGLEMENS DES ETATS GÉNÉRAUX DE LA SOUVERAINETÉ DE BEARN DES ANNÉES 1654, 1704 ET 1712 (Pau, P. Daumon, 1789, 5 pages, Bibliothèque L. Bauby.)

Il analyse succinctement ces trois règlemens, dont il n'avait pas eu connaissance auparavant, au point de vue de l'affièvement et de l'appel aux Assemblées des Etats.

XI

PROCÈS-VERBAL DRESSÉ PAR M. DE LACLÈDE LE 2 MAI 1789 AU SUJET D'UN ATTROUPEMENT QUI S'EST RENDU CHEZ LUI

L'an mil sept cens quatre vingt neuf et le deux may, nous *Jean de Laclède*, conseiller du Roy et Maître particulier en la Maîtrise des Eaux et Forêts de Pau, déclarons et constatons que cejourd'huy, vers les six heures de l'après midi, étant dans notre Cabinet, nous avons été averti, qu'un attroupement nombreux de paysans des hameaux de Pau, qui couroit en ville, et s'était rendu devant les prisons royales qui sont au château, se rendoit dans notre hotel pour monter à notre apartement; nous sommes descendu dans une sale pour voir ce que c'étoit.

Qu'aussitôt que nous nous y avons été, il s'y est en effet rendu un attroupement nombreux d'hommes, la plus part armés de gros bâtons, qui a rempli la sale, le corridor et l'entrée du dit appartement, et qui étoit suivi d'un nombre considérable de personnes que nous avons aperçu au devant et aux environs de notre hôtel.

Que notre premier empressement a été de demander à cet attroupement ce qu'il vouloit, à quoi un de la troupe a répondu d'un ton animé qu'il leur faloit l'homme qui étoit en prison, et leur ayant demandé de quel homme on entendoit parler, on a répondu que c'étoit du nommé Biraben des dits hameaux; sur quoi nous avons représenté à la faction qu'il n'étoit pas en notre pouvoir de faire sortir cet homme, qu'il n'avoit point été arrêté à notre requette, ayant été décrété à celle de M. le procureur du Roy de lad. Maîtrise des Eaux et Forêts, et comme ce décret a été décerné sur rébellion faite à un garde général des eaux et forêts dans les possessions de St Sauveur de Lousse à nous appartenantes, et que nous étions instruit des mouvements que nombre de paysans des dits hameaux foisoient à ce sujet, depuis environ quatre mois, nous avons cru devoir faire des observations à cet attroupement où nous avons reconnu plusieurs des dits paysans, afin de les éclairer et de leur montrer l'erreur qui les égaroit et le respect qu'ils devoient à l'autorité souveraine et à la justice.

Que le bruit de ces mouvements tumultueux répandu dans la ville ayant agité les esprits, plusieurs personnes se seroient rendues auprès de nous pour voir ce qui se passoit et veiller à notre sûreté, lesquelles auroient de leur côté fait des représentations à la foule pour la calmer et l'engager à se retirer; mais malgré nos efforts et la modération avec laquelle nous luy avons parlé, plusieurs personnages de l'attroupement, sans égard à nos observations, se sont élevés de nouveau et ont insisté à réclamer avec plus de force pendant une heure un ordre de nous Maître particulier pour faire sortir le dit prisonnier, voulant absolument l'amener.

Sur quoi nous avons inutilement réitéré nos observations et voyant que l'attroupement ne vouloit point quitter notre appartement sans avoir un escrit de nous, nous nous sommes vu forcé de luy donner une déclaration, qui autant que nous pouvons le rapeller, est de la teneur suivante :

Je déclare à un attroupement de paysans de Pau qui s'est rendu chez moy à six heures de l'après midi que ce n'est pas moy qui ai fait arrêter le nommé Biraben à Pau le deux may. LACLÈDE.

Que cette déclaration ayant été prise et lue à haute voix dans la foule, on a paru d'abord ne vouloir pas s'en contenter; néanmoins quelques personnages ayant dit qu'il n'y avoit qu'à aller de suite vérifier le fait, et revenir à la prison, alors l'attroupement est sorti et s'en est en effet allé vers la prison, ainsi que nous avons remarqué de notre fenêtre qui donne sur icelle.

Observons enfin que nous avons reconnu dans le nombre de personnes qui formoient le dit attroupement dans la dite salle les nommés MONGE, PICHON, père, fils marié avec la fille de THIBAUT PUYOU, premier cadet, HOURTIC, GUILHEM, et tous paysans des dits hameaux de Pau.

Et qu'ayant demandé à un autre paysan qui paroissoit le plus exalté, de nous déclarer son nom, il nous a répondu s'appeler FILLE; déclarons enfin n'avoir reconnu dans la dite salle les autres paysans, ni les autres personnages formant l'attroupement, que nous entendîmes dire être des tisserans du faux bourg de la Porte neuve.

De quoi et du tout nous avons crû devoir dresser notre procès-verbal pour le maintien de l'autorité souveraine et la sûreté des administrateurs de la justice, lequel nous allons remettre au greffe du siège de la Maîtrise des Eaux et Forêts à Pau le dit jour et an que dessus. LACLÈDE.

(Arch. B.-P., B. 4186.)

XII

OBSERVATIONS SUCCINCTES RELATIVES AUX DROITS DE LA VILLE DE PAU SUR LES BOIS DE LOUSSE ET DU LARRON SITUÉS AU PON-LONG (Daumon, imp., Pau; 7 pages.)

EXTRAITS

Page 2 : en note. — Larron. C'est le nom du bois appellé aujourd'hui la forêt Bastard. Il est évident que les habitans de Pau le plantèrent sur les terres qu'ils avaient labourées dans ce quartier qu'il leur fut défendu de cultiver à l'avenir; et c'est pour cette raison sans doute qu'il fut appellé dans les suites bois de Pau, comme on le voit dans plusieurs actes. Le procès-verbal de MM. Sève et Froidour, comm. réf. de 1673, constate qu'on lui donnait communément ce nom. Il constate aussi que la ville avoit toujours soutenu que ce bois lui appartenoit et qu'il y avoit alors un procès pendant là-dessus; on a même ouï dire qu'en 1400, le Procureur patrimonial ayant prétendu que ce bois appartenoit au Souverain, sous prétexte que tous les bois et terres de Béarn qui n'avoit pas été par lui affiévées ou données, lui appartenoient, une sentence du 14 octobre de la même année en avoit néanmoins adjugé la propriété à la ville. La ville en perdant un citoyen qui fut toujours dévoué à ses intérêts a perdu tout espoir de retrouver les traces qui auroit pu lui faire découvrir un acte aussi essentiel.

Page 3. Il est important de remarquer dans cet acte (carte de paix de 1277), la faculté qu'on donne aux habitans de Pau de labourer jusques et dans toute l'étendue du parsan de Lousse, quoi qu'il leur fût défendu de mettre en culture le bois qui y étoit planté « chens que le bosc de la Ossère nou labouren. »

Page 4. Les bois de Larron et de Lousse étoient enclavés et étoient une dépendance du Pon-Long; le Souverain ne les avoit pas exceptés dans l'abandon qu'il fit en 1463 de tous les droits qu'il pouvoit avoir sur cette lande; la propriété du bois de Larron et de Lousse n'auroit donc pu repasser sur sa tête, que par un transport de la part des communautés qui les possédoient; et on défie d'indiquer un seul titre qui le fasse seulement présumer.

La propriété du bois de Lousse fut au contraire confirmée en faveur de la ville, par des lettres patentes de 1528, accordées à la ville de Pau, par la princesse Anne, et par lesquelles il lui fut permis de véter ce bois, d'y établir des gardes et d'y pignorer tous les étrangers qui y seroient surpris (on doit excepter les Ossalois dont les droits étoient reconnus).

Page 5. Cette propriété fut surtout confirmée par les actes de mettre les plus multipliés et la possession la plus soutenue. On trouve sur le livre rouge de la ville un grand nombre de pignorations qui furent faites en divers tems au bois de Lousse et plusieurs sentences du Sénéchal et de la Cour Majour qui les confirmèrent.

Page 6. Les Souverains de Béarn n'ayant pas acquis depuis aucun nouveau droit sur le Pon long et les communautés qui le possèdent n'en ayant perdu ni vu perdre aucun par la réunion du Béarn à la couronne de France, il est démontré (1) que les commissaires réformateurs de 1673 et 1686, et le Conseil en 1688, trop imbus des

(1) La démonstration est loin d'ère probante. H. C.

funestes maximes dont on avoit voulu abuser en d'autres tems pour tracasser les communautés, commirent à leur égard une injustice évidente, en déclarant le Roi propriétaire du bois du Larron et de celui de Lousse.

Mais ces jugemens demeurent absolument sans exécution, du moins à l'égard du bois de Lousse, que la ville continue toujours de posséder comme propriétaire ainsi qu'elle l'avoit toujours fait, soit en plantant ou coupant des arbres, soit en y entretenant un garde.

On dira peut être que la ville reconnut depuis qu'elle n'avoit que des usages dans ce bois, comme dans celui du Larron: il est vrai que le Roi ayant demandé les droits d'amortissement et de nouveaux acquits dûs par les communautés laïques du pays, en conséquence de la déclaration du 5 juillet 1689, les Etats demandèrent à la ville une déclaration des biens et droits qu'elle possédoit en commun, et que dans la déclaration qui fut fournie de sa part le 22 juin 1691, on ne déclara pour elle que des usages dans le bois de Larron et dans celui de Lousse, comme on chercha aussi à atténuer d'autres droits pour éviter d'être surchargée: mais une déclaration de ce genre et pour un pareil objet est peu propre à constater les droits de la ville (1): n'étant d'ailleurs l'ouvrage que de cinq jurats qui étoient alors en place, elle ne pourroit sous aucun rapport être opposée à la commune, sans le concours de laquelle on ne peut compromettre ses droits. Ce qui est réellement son ouvrage, c'est la déclaration faite devant Jacques de Foix en 1539, celle faite devant M. Dubois de Baillet en 1684, et dans chacune desquelles elle déclara que le bois de Lousse *lui appartenoit en propre*.

Mais ce qui est décisif c'est la possession dans laquelle s'est toujours maintenue la ville, jusqu'au moment de la concession faite au sieur Laclède, sous le nom de sieur Casenave, sans que dans aucun tems elle ait essuyé aucun trouble.

On parut au contraire confirmer ses droits et consacrer l'abandon absolu qu'on avoit fait pour le Roi du Domaine de Lousse, par un arrêt du Conseil du 22 juin 1734 et l'Edit d'avril de 1738, dans lesquels rappellant les bois que le Roi possédoit au territoire de Pau, on désigne le bois de Larron, celui du Barail, qui n'a pas plus de 20 arpents, et celui du Parcq, sans faire aucune mention du bois de Lousse, de contenance de 450 arpens du pays.

---

(1) Mourot montra en 1804 le mal fondé de ce raisonnement. H. C.

Page 7. Dans tous les cas les jugemens de 1673, 1686 et 1688 qui sont les premiers et les seuls qui aient essayé de porter atteinte à la propriété de la ville relativement au bois de Lousse, lui avoient au moins réservé les usages dans ce bois, comme dans celui de Larron; elle ne pouvoit en être privée sans violer la loi sacrée de la propriété, car ces usages étoient eux-mêmes une sorte de propriété d'autant plus précieuse, qu'ayant principalement pour objet la bonification des terres, sans elle, toutes les autres lui devenoient à charge ou tout au moins inutiles.

Le sieur Laclède surtout pouvoit d'autant moins dépouiller les habitans de Pau de ces usages en vertu de sa concession, qu'il en avoit fondé la demande sur le jugement de 1673, qui les avoit expressément réservés, ainsi que tous ceux qui l'ont suivi. Ces principes fondés sur la souveraine justice, ont été consacrés par toutes les loix; et l'Assemblée Nationale leur a rendu un nouvel hommage par plusieurs décrets et notamment par ceux des 15 mars, 15 mai et 19 septembre dernier (1790) (1).

Sans doute le décret du 19 septembre a réservé aux propriétaires contre les usagers l'action en cantonnement dans les cas de droit: mais quand est-ce que les propriétaires peuvent dans le droit cantonner les usages? C'est seulement lorsqu'après une procédure contradictoire il est prouvé ou convenu qu'une partie suffit à leurs besoins; et dans le cas présent, la ville a été dépouillée de tout, quand ce tout même ne suffiroit pas à beaucoup près aux besoins de ses habitans.

En 1771 les Commissaires qui furent chargés par la ville d'examiner cette affaire, rapportèrent à l'assemblée de la commune, qui si les clôtures que le sieur Laclède se proposait de faire, avoient lieu, les laboureurs seroient nécessairement forcés d'abandonner la culture de leurs fonds : l'événement n'a que trop justifié la justesse de cette observation; ces clôtures qui furent bientôt consommées, ont réellement plongé les laboureurs dans la plus affreuse misère; et si elles restoient plus long tems dans cet état elles consommeroient avant peu leur ruine, et seroient à jamais le malheur de leurs descendans.

Mais ce n'est pas seulement la triste situation des Laboureurs qu'on doit envisager; la ville elle même retireroit du bois de Lousse les

(1) Argumentation qui ne tient compte ni de l'instauration du régime forestier, ni de décisions légales mûrement étudiées. H. C.

plus utiles secours et presque tous ses habitans participeroient du plus ou moins aux grands avantages qui résulteroient de cette propriété commune.

Quels puissants motifs pour engager la ville à faire tous ses efforts pour revendiquer une propriété si précieuse? Surtout quand les moyens de droit sont si évidens; et que l'Assemblée Nationale semble lui avoir préparé et indiqué les voies qu'elle doit suivre.. Ah! que n'a-t-elle pu s'en occuper plutôt! »

(Mairie de Pau. Pont Long. ch. I. carton 1, dossier 12, Pièce 1.)

XIII

EXTRAIT DU REGISTRE DU BUREAU DE PAIX ET DE CONCILIATION DE LA COMMUNE DE PAU

Le neuf vendémiaire an 7, de la République française, une et indivisible, devant nous Membres du Bureau de paix et de conciliation de la Commune de Pau, a comparu le Citoyen Jean LACLÈDE, Maître particulier de la ci-devant Maîtrise des Eaux et Forêts de Pau, actuellement résidant à Bedous, canton d'Accous et a dit : qu'il est propriétaire du Domaine de Saint Sauveur de Lousse situé dans la Juridiction de Pau. Ce Domaine divisé en six cantons, et d'une grande étendue; étoit en nature de labourable, Pré, Touya, jeune Bois et Pacages; il y avoit aussi des Digues, des Chaussées, des Murs d'épaulement, des Ponts, des Aqueducs à chaux et à sable, des Ecluses, des Canaux de conduite et de décharge, des Bâtimens considérables.

La création de cette propriété importante avait coûté au Comparant des sommes immenses; mais plus elle avait acquis de la consistence, plus elle avait excité l'envie et la cupidité de plusieurs individus des hameaux de Pau, après avoir essayé inutilement de lui faire contester la propriété, ils résolurent de l'en depouiller par voie de fait et par violence, et ils l'ont fait.

Ils commencèrent par enlever les barrières, par détruire la clôture, par y introduire leurs bestiaux.

Ces entreprises étaient fréquemment répétées; mais elles furent portées plus loin au commencement de 1789; les Fossés furent abbatus avec plus de force que jamais, les barrières enlevées, les Bestiaux de toute espèce introduits et gardés, même à main armée, les jeunes semis des bois, les arbres plantés à la main, les champs, les prés ravagés, des coupes faites; on mit le feu le 26 avril à des parties de Bois et de Touyas qui furent dévorés par la flamme.

Le Comparant porta sa plainte en justice le 6 mai, les délits furent constatés le lendemain et l'information commencée.

Les attentats furent renouvellés dans le cours de la même année, et continués avec tant de force et d'audace en 1790 et 1791, que le Comparant se trouvant dans l'impuissance de les faire cesser, fut obligé d'abandonner la propriété; alors les Bâtimens furent attaqués et démolis en partie, les matériaux, ses fourrages, ses meubles, ses effets furent pillés et enlevés.

Ces nouveaux excès ayant été constatés par des procès-verbaux, le Tribunal du ci-devant District de Pau par ses jugemens des 29 mars et 9 août 1791, permit au Comparant de continuer son information devant un des Juges.

Ce commissaire après avoir pris la déposition de quelques témoins suspendit et clôtura d'office l'Information sur le fondement de la Loi du 15 septembre concernant l'amnistie pour délits révolutionnaires. Il la remit ensuite au Tribunal du District, qui d'office encore, rendit le 29 novembre de la même année 1791, un jugement par lequel « il unit toutes les Procédures et Informations, et attendu les dispositions de la Loi sur l'amnistie du 15 septembre, pour l'intérêt public, déclara lesdites Procédures et Informations abolies, et n'y avoir lieu de continuer à procéder criminellement, sans préjudice au Comparant, d'agir ainsi qu'il l'aviserait pour son intérêt particulier, à raison des faits dont est question, auquel effet lesdites Procédures demeureront converties en Enquêtes, les exceptions des Parties civiles au contraire demeurant dans leur entier, dépens réservés ».

Loin de s'arrêter et de rendre grâces au Tribunal qui leur appliquait l'amnistie, les Auteurs des délits montrèrent encore plus d'audace. La dévastation fut portée à son comble, les Coupes de bois réitérées, la démolition des Bâtimens continuée, les matériaux et les boisages enlevés.

Ces dernières voies de fait n'ont pas encore été constatées, seulement un procès-verbal dressé d'autorité de la Municipalité par le Citoyen *Liévin*, major de la Garde Nationale, les 4, 5, 7 et 9 janvier 1792, contient la saisie et arrestation chez divers particuliers de quantité de bois coupé et volé dans les possessions du Comparant, et le dépôt qui en fut fait dans la Maison du Citoyen *Darracq* au champ de Gassies.

Enfin le Comparant est instruit que les voies de fait continuent encore ; on coupe, on détruit, on consomme la ruine de son Domaine on achève de démolir les Bâtimens, on enlève le reste des matériaux.

De telles entreprises doivent avoir un terme, il est tems que le Comparant obtienne justice, qu'il rentre dans la possession, et qu'il obtienne les indemnités que la raison, la justice, et les loix lui assurent.

Sans examiner si la destruction d'une propriété rurale, si le vol, le pillage, qui n'ont eu d'autre mobile que la soif du bien d'autrui avaient le caractère des délits que la Loi d'amnistie avait voulu couvrir d'un voile politique, sans examiner s'il pourrait faire punir exemplairement les attentats commis postérieurement à cette loi, le Comparant qui ne tient point à des peines corporelles, se fixant à son intérêt particulier, acceptera la voie civile qui lui a été indiquée par le jugement du Tribunal du ci-devant district du 20 novembre 1791.

En conséquence, il se propose de demander en justice d'être réintégré dans la possession et jouissance de son Domaine de St Sauveur de Lorisse, dont il a été expulsé par voie de fait, par violence et usurpation : ce faisant de faire condamner solidairement les Citoyens *Forcheron*, substitut du Commissaire du Directoire exécutif au Tribunal Criminel, *Peré David* fils aîné, marié chez *Thibaut*, tant en son propre, qu'en qualité d'héritier de son père *Peré David*, fils premier cadet *Lauga St-Ongès*, *Bernard* ci-devant métayer au Maransin, Jean *Loup père*, Antoine *Laborde-Hourest* fils aîné, tant en son propre, qu'en qualité d'héritier de son père, *Monge* dit *Rousseu* dit *Pichon* et son fils Jean, *Puyou* dit *Menjou* second cadet. La fille d'Henry *Philipon*, mariée avec *Casenave* dit *Pisseu*, en qualité d'héritière de son père, *Paul Philipon* père, *Cambeilh* fils aîné en qualité d'héritier de Joseph son père, Paul *Peboué*, père et son fils premier cadet, Françoise *Carerot* mariée avec le Citoyen *Lanne*, en qualité d'héritière de Jeanne *Carrerot* sa sœur, veuve de *Frix-Senlanne* aîné, celle-ci héritière et bien-tenante de son mari, *Filhe* père, et Pierre son fils aîné, Guilhaume *Catgeres* métayer à la métairie de Guiraut, ci-devant appartenante au Citoyen Forcheron, *Guilhem* fils aîné en qualité d'héritier de son père et de sa mère, *Guilhem* cadet, oncle, *Gaye* dit *Andreu*, *Gaye-Dessus* fils aîné en qualité d'héritier de son père, *Hourtic* fils aîné, tant en son propre, qu'en qualité d'héritier de son père. Le fils aîné de *Joandadam* en son propre, et tant lui, que son frère cadet et ses trois sœurs, en qualité d'héritiers de leur père. Jean *Lacaussade*, tant en son propre qu'en qualité d'héritier de son père. Jean *Larmanou*, métayer à la métairie des ci-devant Religieuses de Notre-Dame. *Malus* père et son fils aîné. *Monge* Jean *Lejau*. *Puyau*. *Portugau* fils aîné, tant en son propre qu'en qualité d'héritier de son père. La fille aînée de *Péré-Lagravete*, mariée avec *Aramon* de Lescar; en qualité d'héritière de son père. Jean *Puyou* dit *Menjou* premier cadet et son fils aîné. *Georgis* père et son fils aîné. *Filhe* fils cadet. *Carrelot*. *Labourdette* dit *Breton charron*, et son père tailleur. *Camy* dit *Beguarie*. *Bordenave* marié avec la cadette de *Lacaussade*. Jean *Lejau* troisième cadet, oncle de *Lejau*. Jean *Fourcade* dit *Biraben*. *Cordonnier*, gendre de *Germa*. *Anecot* de dessus, tant en son propre, qu'en qualité d'héritier de son père. *Arnaudané* fils aîné, tant en son propre, qu'en qualité d'héritier de son père. *Arnaudané* fils cadet. Bd *Barincou* dit *Bié* fils. Joseph *Micoulau* troisième né, oncle. *Pater*. *Busqueres* fils aîné, en qualité d'héritier de son père. *Doudet*, fils premier né; son frère, sa sœur première mariée avec le Citoyen *Barran* et sa sœur seconde. La fille de Jean *Chicoy*, mariée avec le citoyen *Dufau* de Lescar, en qualité d'héritière de son père, *Casamajor-Jasses*. *Micoulau*. *Senton* ci-devant fermier de la boucherie de Pau. *Samouzet* père. *Labat-Aramon*. Jacques *Touron*, tous de Pau. Jacoulet *Pebayle*, ci-devant métayer de Laborde-Hourest et son fils aîné, résidents à Astis. Jean *Ourte* du Bosc-Darros, résident à Nay. La fille du Citoyen *Sauterai*, épouse du Citoyen *Despagnet*, en qualité d'héritière de son père, résidente à la Devese. Auteurs, Fauteurs et participans des entreprises, expulsion et usurpation dont il s'agit, à indemniser le Comparant de tous les dommages et détériorations commis dans son Domaine depuis l'époque du trouble au mois de janvier 1789, jusqu'à la réintégration, comme aussi ceux qu'il éprouvera dans ses récoltes et jouissances jusques à ce que ledit Domaine aura été rétabli dans l'etat d'amélioration où il étoit à ladite époque, dans laquelle indemnité entreront les non-jouissances, fraix de reconstruction des Bâtimens, des Digues, rétablissement des Berges, Terrasses, Fossés, Barrières, Canaux, Rigoles, Ponts, Ecluses, Puy, Meubles, Effets, Instrumens aratoires, Equipages, Matériaux, Bois, Planches d'aprovisionnement, généralement quelconque, suivant que le tout sera fixé et apprécié par des Experts dont les parties conviendront, ou faute d'en convenir seront nommés d'office par le Tribunal; à cet effet, ordonner avant faire droit, que par un Commissaire, qui sera à ces fins nommé; il sera procédé Parties présentes ou dûment appellées à la constatation de l'état actuel dudit Domaine et des dommages et des dégradations commis depuis le dernier Procès-Verbal de constatation; les condamner aussi solidairement aux dépens.

Et attendu que la voie de conciliation peut être nécessaire, il a fait citer dans cet objet, les Particuliers sus-nommés pour ce jourd'hui et heure présente en vertu de la cédule que nous dit Juge de Paix lui avons expédiée le 28 fructidor dernier, ainsi qu'il résulte des exploits de Lalanne, Menet, Mazas et Poeygros Huissiers, en date des 2e, 3e et 5e jours complémentaires de l'an 6, 2 et 3 vendémiaire courant.

Le Citoyen Jacob *Menine* de cette commune, qui est du nombre des Auteurs, Fauteurs et Participans des entreprises et dommages dont il s'agit, avait été aussi compris dans ladite Cédule, mais le Comparant instruit qu'il venait de décéder, voulant diriger son action contre le Citoyen *Menine* fils premier né son héritier, l'a aussi fait citer en conciliation à cejourd'hui et heure présente, en vertu d'une autre Cédule de nous Juge de Paix du 5e jour complémentaire, signifiée le 2 du présent mois, ainsi qu'il résulte de l'exploit de Mazas, Huissier.

Le Comparant observe qu'il vient d'être informé que Mathieu *Maçon*, et Pele *Maçon* de cette même commune et le fils premier cadet de *Pébayle* résident à Astis, également compris dans la première Cédule sont décédés, c'est pourquoi il se réserve d'actionner leurs héritiers.

Et attendu que plusieurs des Parties citées se sont rendues, il nous demande de procéder conformément à la Loi et a signé. Signé : LACLÈDE.

A comparu le Citoyen *Forcheron* fils, qui a dit que c'est à tort et sans raison ni prétexte que le Citoyen Laclède la fait citer devant nous, d'où vient qu'il ne peut voir dans cette démarche qu'une injure gratuite et d'éclat, d'autant plus grave qu'il la rendue publique par la voie de la presse, et qu'il a affecté de mettre le Comparant en tête de la citation et d'ajouter la qualité de fonctionnaire public, ce qui dans un acte de cette nature ne peut avoir pour objet que de lui faire perdre l'estime publique qu'il s'est toujours efforcé de mériter, et sans laquelle il tenteroit en vain de concourir au bien dans les fonctions délicates qu'il remplit, en conséquence il somme le Citoyen Laclède de se désister, faute de quoi, le Comparant déclare qu'il poursuivra par tous moyens et voies de droit la juste réparation de ladite injure, et son relaxe avec tous dépens, dommages et intérêts, auquel effet, comme sous tous autres rapports quelconques, il fait toutes les réserves de fait et de droit, et proteste généralement de tout ce dont il peut et a droit de protester et a signé. Signé : FORCHLEON.

Est aussi comparu le Citoyen *Lauga-St-Ongès* et a dit, qu'il n'a jamais troublé le Citoyen Laclède dans ses possessions, moins encore causé le plus petit dommage, comme le Citoyen Laclède prétend avoir souffert plusieurs genres de délits, le Comparant demande que le Citoyen Lacède ait à expliquer le genre de celui qu'il impute au Comparant et l'époque et a signé. Signé : St-ONGÈS.

Est aussi comparu Jean *Loup* père et a dit, qu'il n'a fait aucun tort ni porté aucun préjudice au Citoyen Laclède, et a signé. Signé : LOUP.

Est aussi comparu le Citoyen *Monge* dit *Rousseu* dit *Pichou* et a dit qu'il n'a fait tort ni causé aucun préjudice au Citoyen Laclède, observant que son fils Jean se trouve malade dans ce moment, mais qu'il se présentera un autre jour, et a signé. Signé : MONGE.

Ont aussi comparu *Pourtugau* premier né, Jacques *Anecot* dessus, Jacques *Micoulau*, Baptiste *Puyou* deuxième né et son fils Jean *Puyou* aîné, et ont dit qu'ils n'ont point concouru à ce dont parle le Citoyen Laclède, s'il continue à le prétendre, il est invité d'indiquer le genre de celui qu'il leur impute et d'en indiquer l'époque, et Baptiste *Puyou* père a signé non les autres pour ne savoir de se faire interpellé. Signé : PUYOU, LARRIU, juge de Paix.

Est également comparu le Citoyen Pierre *Puyou*, second cadet et a dit qu'il n'a jamais causé aucun dommage au Citoyen Laclède et a signé. Signé : PUYOU.

Est aussi comparu le Citoyen Paul *Philipon* père, par le ministère du Citoyen *Philipon* son fils défenseur officieux, par acte privé du 8 du courant, duemment enregistré à Pau le même jour qu'il a déposé sur le bureau et a dit qu'il a été surpris avec juste raison de l'attaque du Citoyen Laclède, puisqu'il ne lui a jamais fait aucun tort, il n'a jamais attenté à sa propriété, rien coupé, ni enlevé à son préjudice, pas même un pied de fougère, c'est donc mal à propos que le Citoyen Laclède l'a inculpé, il ne dépend pas sans doute de lui de confondre le Comparant, parmi les auteurs des différens délits dont il s'est plaint, et de flétrir ainsi publiquement un homme plus que sexagenaire, qui n'a jamais ambitionné les possessions, et dont la carrière a été toujours sans reproche: le Comparant demande que le Citoyen Laclède explique et distingue en réponse le genre de délit qu'il lui attribue, et qu'il en précise l'époque, pour qu'il soit à portée de se concilier ou de défendre ses intérêts, et le procureur fondé a signé. Signé : PHILIPPON.

Est aussi comparu le Citoyen *Cambeilh* fils aîné, et a dit, qu'il est bien surpris que le Citoyen Laclède l'ait actionné pour les délits dont il se plaint, attendu qu'il ne l'a jamais troublé dans ses possessions, moins encore causé aucun dommage; demande que le Citoyen Laclède ait à expliquer le genre de celui qu'il lui impute et l'époque, et a signé. Signé : CAMBEILH.

Est également comparu le Citoyen Paul *Péboué* père, et a dit qu'il n'a fait aucun tort au Citoyen Laclède, moins encore qu'il ne s'est porté à aucune dévastation dans son domaine, et a signé. Signé : PEBOUÉ.

Est aussi comparu le Citoyen *Filhe* père, et a dit qu'il n'a causé aucun dommage au Citoyen Laclède, ni attenté à sa propriété et a signé. Signé : FILHE.

Se sont présentés les Citoyens Etienne *Pédentour* dit *Guilhem* et Jean *Camy* dit *Leyaû* mineurs, assistés du Citoyen J. Seguinotte leur curateur, et ont dit qu'ils ne sont nullement coupables des entreprises, dont le Citoyen Laclède se plaint, ils étoient trop jeunes aux époques où elles furent commises, ils étoient trop jeunes et pupilles, le premier sous la tutelle de fue sa mère, et le second avoit perdu son père et sa mère, en sorte qu'ils protestent de se défendre, au cas on persiste à leur rien demander, et ont signé avec leur curateur. Signés : PÉDENTOUR, CAMY, SEGUINOTTE.

Est aussi comparu le Citoyen Jean *Samouzet* père, et a dit qu'il n'a commis aucun dommage au Citoyen Laclède, ni coopéré aux dévastations de son Domaine, et a signé. Signé : SAMOUZET.

Est également comparu le citoyen *Filhe* fils aîné, et a dit qu'il n'a causé aucun dommage au Citoyen Laclède, ni même coopéré à aucune dévastation de son domaine, et a signé. Signé : FILHE fils.

Est aussi comparu le Citoyen *Busqueres* fils aîné, et a dit que jamais lui ni feu son père n'ont troublé le Citoyen Laclède dans ses possessions, moins encore causé le plus léger dommage, mais comme le Citoyen Laclède prétend avoir souffert plusieurs genres de délits, le Comparant lui demande de s'expliquer sur celui qu'il impute à son père et a signé. Signé : BUSQUERES, premier né.

Est aussi comparu le Citoyen *Gaye* dit *Andreu*, et a dit que mal à propos le Citoyen Laclède l'a fait citer, attendu qu'il ne lui a causé aucun dommage dans ses possessions, et n'a sçu signer de se faire interpellé. Signé : LARRIU, juge de paix.

Est aussi comparu le Citoyen *Gaye* dessus fils aîné, et a dit que jamais, ni en aucun temps, il n'a causé aucun dommage au Citoyen Laclède, et n'a sçu signer de se faire interpellé. Signé : LARRIU, juge de paix.

Est aussi comparue la Citoyenne Françoise *Carrelot*, mariée avec le Citoyen *Lalanne*, héritière de Jeanne *Carrelot*, sa sœur, veuve de Frix St-Lanne aîné, celle-ci héritière et lieutenante de son mari, et a dit, qu'elle n'a jamais causé aucun dommage au Citoyen Laclède attendu qu'au tems où les dégâts furent causés au Citoyen Laclède, elle était absente de la présente commune, et n'a sçu signer de se faire interpellée. Signé : LARRIU, juge de paix.

A également comparu le Citoyen Jean-Pierre *Guilhem* cadet oncle, et a dit, qu'il n'a jamais causé aucun dommage au Citoyen Laclède, ni même coopéré aux dévastations de son domaine, et n'a sçu signer, de se faire interpellé. Signé : LARRIU, juge de paix.

Est également comparu le Citoyen *Jacoulet Pebayle*, ci-devant métayer de Laborde-Hourest demurant à Astis et a dit, qu'il n'a jamais causé aucun dommage au Citoyen Laclède dans son Domaine, et a signé. Signé : PEBAYLE.

Le Citoyen *Bernard Pebayle* premier né, demurant à Astis, a également comparu, et a dit qu'il n'a jamais causé aucun dommage au Citoyen Laclède dans son Domaine, et n'a sçu signer de se faire interpellé. Signé : LARRIU, juge de paix.

A également comparu le Citoyen *Mathieu Puyau*, et a dit qu'il n'a jamais troublé le Citoyen Laclède dans les Possessions, moins encore causé le plus petit Dommage, comme le Citoyen Laclède prétend avoir souffert plusieurs genres de délits, le Comparant demande que le Citoyen Laclède ait à expliquer le genre de celui qui lui impute et l'époque, et a signé. Signé : PUYAU.

Ont aussi comparu *Raymond*, *Marie*, autre *Marie* et *Jeanne Lacaussade* frère et sœurs, et ont dit qu'il seroit facile de se concilier, puisqu'ils ne sont point coupables d'aucun des délits mentionnés dans la Cédule, le Citoyen Laclède le sait bien, mais dans le cas où il ne convienne point de l'innocence des Comparants, il est invité et en tant que de besoin requis qu'il leur impute, de même que l'époque, et n'ont sçu signer de ce faire interpellés. Signé : LARRIU, juge de paix.

Ont également comparu Jean *Larmanou*, *Malus* père, *Malus* son fils aîné, et *Monge* et ont dit que c'est à tort que le Citoyen Laclède les a fait citer, attendu qu'ils ne lui ont jamais causé aucun dommage dans ses Possessions, et *Malus* père et son fils ont signé; non *Larmanou* et *Monge* pour ne savoir, de ce faire interpellés. Signés : MALUS, MALUS fils, LARRIU, juge de paix.

Le Citoyen Antoine *Laborde-Hourest* premier né a aussi comparu et a dit que sa probité sembloit devoir le mettre à l'abri des recherches du Citoyen Laclède, mais dès qu'il veut le faire figurer dans cette cause, il l'invite d'expliquer incontinent dans quelle classe de genre de délit, il entend le mettre, comme aussi de l'époque où il prétend avoir souffert par le fait du Comparant et a signé. Signé : LABORDE.

Est comparu le Citoyen *Labourdette* dit *Biraben*, charron et a dit que la signification qui lui a été faite ne le regarde pas, attendu que ce n'est pas Labourdette dit Biraben qu'il s'appelle, et qu'il n'a autre chose à dire, et a signé. Signé : LABOURDETTE.

Ont également comparu les Citoyens *Georgis* fils aîné, *Filhe* second cadet, *Carrerot*, *Camy* dit *Beguarie* et ont dit qu'ils n'ont causé aucun dommage au Citoyen Laclède, ni coopéré aux dévastations de son Domaine, et ont signé, sauf Filhe second cadet, pour ne savoir de ce faire interpellé. Signés : CARREROT, GEORGIS, BEGUARIE, LARRIU, juge de paix.

Ont également comparu les Citoyens *Péré-David*, premier né, *Jean Péré* second né et *Hondas* dit *Bernard* ci-devant métayer du Marencin et ont dit que c'est à tort que le Citoyen Laclède les a cités, attendu qu'ils ne lui ont jamais causé aucun dommage, ni coopéré aux dévastations de son domaine, et ont signé. PERÉ premier né, PERÉ, second né, HONDAS signés.

Ont aussi comparu *Jacques Bordenave*, *Jean Fourcade* dit *Biraben*, *Cordonnier* gendre du Germa, *Jean Guiton* dit *Arnaudané* premier né, *Arnaudané* second né et *Joseph Micoulau* second cadet oncle, et ont dit qu'ils n'ont jamais fait de dégat au préjudice de quiconque, moins encore au préjudice du Citoyen Laclède, s'il persiste à le prétendre, il voudra bien indiquer le genre de dommage qu'il prétend avoir reçu, et fixer l'époque, et ont signé, sauf Biraben, Cordonnier, Micoulau, Bordenave et Arnaudané second né pour ne savoir, de ce faire interpellés. Signés : GUITON, LARRIU, juge de paix

Ont aussi comparu *Bernard Barincou* dit *Biè* fils, *Dominique Pater*, la fille de *Jean-Chicoy* mariée avec le Citoyen Dufau de Lescar, *Labat-Arramon* et *Jacques Touron*, et ont dit, qu'ils n'ont jamais causé aucun dommage au Citoyen Laclède, moins encore dans son Domaine de St Sauveur de Lousse, et ledit Touron a signé, non les autres pour ne savoir, de ce faire interpellés. Signés : TOURON, LARRIU, juge de paix.

A également comparu le Citoyen *Ourte* du Bosc-Darros demeurant à Nay et a dit qu'il n'a jamais causé aucun dommage au Citoyen Laclède, attendu qu'il ne connoît pas les possessions ni les lieux où elles sont situées, et n'a su signer, de ce faire interpellé. Signé : LARRIU, juge de paix.

A également comparu la Citoyenne *Marie Sautrai*, épouse du Citoyen Olivier-Tursan-Despagnet, habitante dans la commune de Ladevese, département du Gers, représentée par le Citoyen Dominique Lafaille, cultivateur de Pontacq, département des Hautes-Pyrénées, par acte public du 3 du courant, retenu de Laberon notaire, enregistré à Plaisance le même jour qu'il a représenté sur le Bureau, et a dit qu'elle est héritière de son père, et qu'elle ignore d'être intéressée dans la cause, et le procureur fondé a signé. Signé : LAFAILLE.

Ont également comparu les Citoyens *Doudet* premier né, *Josué Doudet* troisième né, *Jeanne Doudet* cinquième née, épouse du Citoyen *Barran*, et *Jeanne Doudet* seconde née, et ont dit qu'ils ignorent le motif pour lequel le Citoyen Laclède les a appelés devant le présent Bureau de paix, ils sont bien assurés que le feu Citoyen Doudet leur père ne se rendit jamais coupable d'aucun des faits qui excitent la réclamation du Citoyen Laclède; en sorte qu'ils ont lieu de croire qu'à leur égard, le Citoyen Laclède renoncera à son action, s'il en étoit autrement, ils déclarent qu'ils demanderont leur relaxe devant le Tribunal, et ont signé. Signés : DOUDET premier né, DOUDET second né, Jeanne DOUDET seconde née, Jeanne DOUDET cinquième née.

Ont également comparu les Citoyens Jean *Catgeres*, métayer à la métairie de Guiraut, et *Menine* fils aîné, et ont dit qu'ils ne se sont rendus coupables d'aucun délit en vers le Citoyen Laclède, ni dans aucune de ses possessions, et n'ont su signer, de ce faire interpellés. Signé : LARRIU, juge de paix. Et attendu qu'il est tard, avons renvoyé la continuation à trois heures de relevée de ce jour neuf vendémiaire, an 7 de la République Française, une et indivisible. Signés : LACASSIE, FERRIER, J. VIGNANCOUR, NERON, assesseurs; LARRIU, juge de paix, G. BORDENAVE, greffier.

Le dit jour et heure susdits, en conséquence de notre renvoi, s'est présenté ledit Citoyen Laclède et a dit que quelqu'un des cités sont ici présens; il demande continuer la conciliation, ce à quoi nous avons accédé et il a signé avec nous et notre greffier. Signés : LACLÈDE, LACASSIE, FERRIER, J. VIGNANCOUR, NERON, assesseurs, LARRIU, juge de paix, G. BORDENAVE, greffier.

A comparu le Citoyen *Casamajor-Jasses*, par le ministère du Citoyen J. Bordenave second né, en qualité de son procureur-fondé par acte public du 9 thermidor an 3, retenu du Citoyen Bergere notaire, enregistré en forme, qu'il a représenté sur le Bureau, a dit que le Citoyen Casamajor-Jasses est mal à propos compris dans la Cédule, puisqu'il n'a aucune part aux dévastations, dont le Citoyen Laclède se plaint, celui-ci auroit dû en conformité du décret du 14 octobre 1790, annoncer dans la cédule le délit, dont il prétend faire déclarer responsable le Citoyen Casamajor-Jasses, de manière que ce dernier n'ayant pas été mis à portée de se concilier, proteste de tout ce qu'il peut et doit prostester, et ledit Bordenave a signé. Signé : BORDENAVE, second né

Et attendu qu'il est tard, avons renvoyé la continuation au onze du courant à huit heures du matin et avons signé. Au même instant a comparu le Citoyen *Bertrand Laplace* dit *Peboué* second né, et a dit qu'il n'a jamais commis de préjudice au Citoyen Laclède, et qu'il n'a poinct coopéré aux dévastations de ses domaines, d'ailleurs, lors de ces entreprises, il étoit en bas âge et a signé avec nous et notre greffier. Signés : LAPLACE second né, LACASSIE, FERRIER, J. VIGNANCOUR, NERON, assesseurs, LARRIU, juge de paix, G. BORDENAVE, greffier.

A comparu *Joseph Géorgis* père, et a dit qu'il n'a jamais causé aucun dommage au Citoyen Laclède ni coopéré aux dévastations de son Domaine, d'ailleurs, étant aveugle depuis dix ans, et n'a pu signer à cause de la déclaration qu'il vient de faire, de ce interpellé. Signé : LARRIU, juge de paix.

Est comparu *Jean Pichou*, fils premier né et a dit qu'il n'a jamais causé aucun dommage dans le Domaine du Citoyen Laclède et n'a su signer, de ce faire interpellé. Signé : Larriu, juge de paix.

A comparu le Citoyen *Pierre Casenave* dit *Pisseu*, mari de la Citoyenne Anne Henri Philippon et a dit que son épouse citée au présent Bureau se trouve malade, détenue dans son lit, ainsi que cela résulte de la déclaration du Citoyen Mainiel, médecin, en date du 7 du courant, qui demeure ci annexée, et a dit pour elle, qu'elle n'a jamais causé aucun dommage dans les possessions du Citoyen Laclède, ladite déclaration est de la teneur suivante : Je déclare que la Citoyenne Anne Henri Philippon est actuellement malade, que je la traite depuis douze jours d'une fièvre remittante, avec des caractères de malignité, et qu'il lui est impossible encore de quitter son lit. Pau, 7 vendémiaire, an 7. Signé : Mainiel, médecin; signé : Casenave.

Est également comparu le Citoyen *Tausin* dit *Senton* père, et a dit que c'est mal à propos que le Citoyen Laclède la cité, attendu qu'il n'a jamais été dans ses possessions, or donc, moins causé aucun dommage, et a signé. Signé : J. Tausin dit Senton.

Est aussi comparu le Citoyen *Pierre Labourdette* tailleur, et a dit que dans le tems ou les dégradations furent faites au Citoyen Laclède, il était au service hors de cette commune, et que par conséquent il n'a commis aucun dommage au Citoyen Laclède et a signé. Signé : Labourdette.

Est comparue la Citoyenne *Anne Peré*, épouse Darramon de Lescar, habitante à Pau, et a dit qu'elle n'a jamais causé aucun dommage au Citoyen Laclède, ni coopéré aux dévastations de son Domaine et n'a su signer, de ce faire interpellée. Signé : Larriu, juge de paix.

A aussi comparu le Citoyen *Hourtic* fils premier né, âgé d'environ douze ans et a dit, qu'étant dans son bas âge lors de la destruction du Domaine du Citoyen Laclède il ne peut par cette raison y avoir participé, et n'a su signer, de ce faire interpellé. Signé : Larriu, juge de paix.

A aussi comparu *Jean Castet* dit *Joanne-Dadam* fils premier né, et a dit, qu'il n'a jamais causé aucun dommage au Citoyen Laclède, ni coopéré aux dévastations de son Domaine, et n'a su signer, de ce faire interpellé. Signé : Larriu, juge de paix.

Est aussi comparu le Citoyen *Bernard Lacaussade* et a dit qu'il n'a jamais causé aucun dommage au Citoyen Laclède, et n'a su signer, de ce faire interpellé. Signé : LARRIU, juge de paix.

Est enfin comparue la Citoyenne Anne *Doudet*, épouse du Citoyen Fourcade, représentée par le Citoyen Jean Doudet son frère premier né, son procureur-fondé par acte privé du quatre du courant, dûment enregistré à Pau, qu'il a représenté sur le Bureau, et a dit, qu'elle est bien assurée que le feu Citoyen Doudet son père ne s'est jamais rendu coupable des délits qui excitent la réclamation du Citoyen Laclède, en sorte qu'elle a tout lieu de croire que le Citoyen Laclède renoncera à son action contre elle, s'il en étoit autrement, elle déclare qu'elle s'adressera au Tribunal pour obtenir son relaxe, réparations, etc., et le procureur-fondé a signé. Signé : DOUDET, premier né.

Le Citoyen Laclède a dit qu'il n'a rien à répondre aux interpellations, explications et sommations qui lui sont faites par les Adversaires, ni à leur dire.

Que la légitimité de l'action qu'il se propose d'intenter contre eux est établie par les pièces et les preuves déjà acquises, c'est pourquoi il persiste dans ce qu'il a dit.

Le Comparant observe, qu'instruit dans le cours des séances de conciliation, que le Citoyen *Jean Leyau* troisième cadet, oncle de Jean Leyau résident à Pau, compris dans la première cédule est décédé, il se réserve d'actionner les héritiers.

Il observe encore, que le Citoyen *Labourdette* dit *Biraben* charron, résident à Pau, s'étant présenté a dit : qu'il ne s'appelloit pas Labourdette dit Biraben charron et a signé son acte simplement LABOURDETTE.

Que comme le vrai est, qu'il s'appelle Labourdette dit Breton de sur nom, au lieu de Labourdette dit Biraben mis par inadvertence et par erreur dans la première cédule, le Comparant le somme de s'expliquer incontinent, s'il n'est pas réellement Labourdette dit Breton charron, résident à Pau et frère de Labourdette tailleur, et a signé. Signé : LACLÈDE.

Le Citoyen Labourdette a répondu qu'il persiste dans son dire du 9 du courant, consigné dans la présente et a signé. Signé : LABOURDETTE.

Ledit Laclède a dit, qu'attendu que le Citoyen Labourdette persiste dans son premier acte, et qu'il n'a pas cru devoir s'expliquer d'une manière claire et précise, qu'il est de l'intérêt du Comparant de prévenir et d'écarter tous incidens, il renonce dors et déjà à l'exploit de citation de la première cédule qui lui a été faite, et se réserve de se pourvoir par une nouvelle cédule pour l'appeller en conciliation.

Il observe enfin, que la Citoyenne *Casenave* dit *Pisseu*, fille du Citoyen Philipon Henri, loin de faire comparoître son mari pour présenter un certificat de maladie, donné par le Citoyen Mainiel officier de santé, auroit du donner la procuration pour la représenter, dire et alléguer ce qu'elle auroit jugé à propos, que ne l'ayant pas fait, elle n'a jamais rempli le vœu de la loi, qu'elle doit être par conséquent considérée comme absente par le Tribunal, et a signé. Signé : Laclède.

Le Citoyen *Forcheron* répondant a dit, que le Citoyen Laclède au lieu de réparer l'injure qu'il a faite, et qu'il continue de faire au Comparant, la caractérise au contraire de plus en plus, en ne précisant aucun fait contre lui, et l'aggrave encore davantage par sa persévérence dans son premier dire; c'est pourquoi le Comparant se réfère et persiste de plus fort dans ce qu'il a déjà dit et a signé. Signé : Forcheron.

Ledit Laclède repliquant a dit : qu'il n'a rien à répondre et qu'il persiste dans ce qu'il a dit, et a signé. Signé : Laclède.

Les Parties n'ayant pu être conciliées, les avons renvoyées à se pourvoir devant les Juges compétens. Signés : Lacassie, Ferrier, J. Vignancour, Neron, assesseur; Larriu, juge de paix; G. Bordenave, greffier

Enregistré à Pau, reçu un franc, signé : Broucaret.

Colltionné, signé : G. Bordenave, greffier.

EXTRAIT DU REGISTRE DU BUREAU DE PAIX ET DE CONCILIATION DE LA COMMUNE DE PAU

Le dix-neuf vendémiaire an 7 de la République française, devant nous membres du Bureau de Paix et de Conciliation de la Commune de Pau, a comparu le Citoyen *Jean Laclède*, Maître particulier de la ci-devant Maîtrise des Eaux et Forêts de Pau, actuellement résident à Bedous, canton d'Accous, et a dit qu'il est propriétaire du domaine de St Sauveur de l'Ousse, situé dans la juridiction de Pau.

Ce Domaine, divisé en six cantons, et d'une grande étendue, étoit en nature de labourable, Pré, Touya, jeune Bois et Pacages; il y avoit aussi des Digues, des Chaussées, des Murs d'épaulement, des Ponts, des Aqueducs à chaux et à sable, des Ecluses, des Canaux de conduite et de décharge, des Bâtiments considérables.

La création de cette propriété importante avoit couté au Comparant des sommes immenses; mais plus elle avait acquis de la consistance, plus elle avait excité l'envie et la cupidité de plusieurs individus des hameaux de Pau, après avoir essayé inutilement de lui faire contester la propriété, ils résolurent de l'en dépouiller par voie de fait et par violence, et ils l'ont fait.

Ils commencèrent par enlever les barrières, par détruire la clôture, par y introduire leurs bestiaux. Ces entreprises étaient fréquemment répétées; mais elles furent portées plus loin au commencement de 1789, les Fossés furent abbatus avec plus de force que jamais, les barrières enlevées, les bestiaux de toute espèce introduits et gardés, même à main armée, les jeunes semis de bois, les arbres plantés à la main, ses champs, ses prés ravagés, des coupes faites; on mit le feu le 26 avril à des parties de bois et de touyas qui furent dévorés par la flamme.

Le Comparant porta sa plainte en justice le 6 mai, les délits furent constatés le lendemain et l'information commencée.

Les attentats furent renouvellés dans le cours de la même année, et continués avec tant de force et d'audace en 1790 et 1791, que le Comparant se trouvant dans l'impuissance de les faire cesser, fût obligé d'abandonner sa propriété; alors les Bâtimens furent attaqués et démolis en partie, les matériaux, ses fourrages, ses meubles, ses effets furent pillés et enlevés. Ces nouveaux excès ayant été constatés par des procès-verbaux le Tribunal du ci-devant District de Pau, par ses jugements des 29 mars et 9 août 1791, permit au Comparant de continuer son information devant un des Juges.

Ce Commissaire après avoir pris la déposition de quelques témoins, suspendit et clôtura d'office l'Information sur le fondement de la loi du 15 septembre concernant l'amnistie pour délits révolutionnaires. Il la remit ensuite au Tribunal du District, qui d'office encore, rendit le 29 novembre de la même année 1791, un jugement par lequel « il unit toutes les procédures et informations, et attendu les dispositions de la loi sur l'amnistie du 15 septembre, pour l'intérêt public, déclara les dites informations et procédures abolies et n'y avoir lieu de continuer à procéder criminellement, sans préjudice au Comparant d'agir ainsi qu'il l'aviserait pour son intérêt particulier, à raison des faits dont est question auquel effet lesdites procédures demeureront converties en enquêtes, les exceptions des parties civiles au contraire demeurant dans leur entier, dépens réservés. »

Loin de s'arrêter et de rendre grâces au Tribunal qui leur appliquoit l'amnistie, les auteurs des délits montrèrent encore plus d'audace. La dévastation fut portée à son comble, les coupes de bois réitérées, la démolition des Batimens continuée, les matériaux et les boisages enlevés.

Ces dernières voies de fait n'ont pas encore été constatées, seulement un procès-verbal dressé d'autorité de la Municipalité, par le Citoyen Liévin, Major de la Garde nationale, les 4, 5, 7 et 9 janvier 1792, contient la saisie et arrestation chez divers particuliers, de quantité de bois coupé et volé dans les possessions du Comparant, et le dépôt qui en fût fait dans la maison du Citoyen Dauacq au champ de Gassies. Enfin, le Comparant est instruit que les voies de fait se continuent encore; on coupe, on détruit, on consomme la ruine de son Domaine, on achève de démolir les bâtimens, on enlève le reste des matériaux.

De telles entreprises doivent avoir un terme, il est temps, que le Comparant obtienne justice, qu'il rentre dans sa possession, et qu'il obtienne les indemnités que la raison, la justice et les lois lui assurent.

Sans examiner si la destruction d'une propriété rurale, si le vol, le pillage, qui n'ont eu d'autre mobile que la soif du bien d'autrui avoient le caractère des délits que la loi d'amnistie avoit voulu couvrir d'un voile politique, sans examiner s'il pouvoit faire punir exemplairement les attentats commis postérieurement à cette loi, le Comparant, qui ne tient point à des peines corporelles, se fixant à son intérêt particulier, acceptera la voie civile qui lui a été indiquée par le Jugement du Tribunal du ci-devant district du 29 novembre 1791.

En conséquence il s'est présenté devant nous le 28 Fructidor, nous a exposé les faits ci-dessus, et demandé citer en conciliation les auteurs, fauteurs et participans des entreprises, expulsion et usurpation dont il s'agit, ce que nous lui avons accordé; de ce nombre étoient les Citoyens *Jean Lejau*, troisième cadet, oncle de Jean Lejau, *Mathieu Maçon* et *Pelle Maçon* résidens dans la commune de Pau et *Pebayle* fils premier cadet résident à Astis, mais décédés depuis quelque tems, ce qui met le Comparant dans la nécessité de diriger son action contre leurs héritiers; de ce nombre étoit encore le Citoyen *Labourdette* charron, résident dans ladite commune de Pau, auquel la première cédule fut signifiée sous la dénomnaition de *Labourdette* dit *Biraben*, charron; mais s'étant présenté au Bureau de Paix, et ayant soutenu ne pas s'appeler *Labourdette* dit *Biraben*, sans vouloir répondre à la sommation qui lui fut faite, le Comparant pour éviter des incidens auroit renonce audit exploit, et se trouve obligé d'actionner de nouveau ledit *Labourdette* charron. C'est pourquoi le Comparant se propose de demander en justice d'être réintégré dans la possession et jouissance de son domaine de St Sauveur de Lousse, dont il a été expulsé par voie de fait, par violence et usurpation; ce faisant, condamner le Citoyen *Labourdette* charron, *Pebayle* fils aîné, en qualité d'héritier de son frère premier cadet, la veuve de *Mathieu maçon*, en qualité d'héritière de son mari, *Jeanne Pelle* héritière de son père maçon et *Jean Leyau* en qualité d'héritier de *Jean Leyau* son oncle troisième cadet. Conjointement et solidairement avec les Citoyens *Forcheron*, substitut du Commissaire du Directoire exécutif au Tribunal criminel. *Péré David*, fils aîné, marié chez Thibaut, tant en son propre, qu'en qualité d'héritier de son père. *Péré David*, fils premier cadet. *Lauga-St-Ongès*, *Bernard* ci-devant fermier du Maransin. Jean *Loup* père, Antoine *Laborde-Hourest* fils aîné, tant en son propre, qu'en qualité d'héritier de son père. *Monge* dit *Rousseu*, dit *Pisseu* et son fils, Jean *Puyou* dit *Menjou* second cadet, la fille d'*Henry Philipon*, mariée avec Casenave dit *Pisseu*, en qualité d'héritière de son père. *Paul Philipon* père, *Cambeilh* fils, premier né, en qualité d'héritier de son père, Paul *Péboué* père, et son fils premier cadet, Françoise *Carrelot*, mariée avec le Citoyen Lanne, en qualité d'héritière de Jeanne *Carrelot* sa sœur, veuve de *Frix Senlanne* aîné, celle-ci héritière et bien tenante de son mari. *Filhe* père et Pierre son fils aîné. Guilhaume *Catgeres* métayer à la mairie de Guiraut, ci-devant appartenante au Citoyen *Forcheron* *Guilhem* fils aîné en qualité d'héritier de son père et de sa mère. *Guilhem* cadet oncle, *Gaye* dit *Andreu*, *Gaye dessus* fils aîné, en qualité d'héritier de son père. *Hourtic* fils aîné, tant en son propre, qu'en qualité d'héritier de son père, le fils aîné de Joan-dadam en son propre, et tant lui que son frère cadet et ses trois sœurs, en qualité d'héritiers de leur père, *Jean Lacaussade* tant en son propre qu'en qualité d'héritier de son père, *Jean Larmañou*, métayer à la métairie des ci-devant Religieuses de Notre-Dame, *Malus* père et son fils aîné, *Monge*, Jean *Lejau*, *Puyau*, *Portugau* fils aîné, tant en son propre qu'en qualité d'héritier de son père, la fille aînée de *Peré Lagravette* mariée avec *Aramon* de Lescar, en qualité d'héritière de son père, *Jean Puyou* dit *Menjou* premier cadet et son fils aîné, *Georgis* père et son fils aîné, *Filhe* fils cadet, *Carrérot*, *Labourdette* tailleur frère de *Labourdette* charron; *Camy* dit *Beguarie* *Bordenave* marié avec la cadette de *Lacaussade*, Jean *Forcade* dit *Biraben*, *Cordonnier*, gendre du Germa, *Anecot dessus*, tant en son propre, qu'en qualité d'héritier de son père, *Arnaudané* fils aîné, tant en son propre qu'en qualité d'héritier de son père, *Arnaudané* fils cadet, *Bernard Barincou* dit *Bié* fils, *Joseph Micoulau* second cadet oncle, *Pater*, *Busqueres* fils aîné; en qualité d'héritier de son père, *Doudet* fils premier né, son frère, sa sœur première mariée avec le Citoyen Fourcade cadet, sa sœur dernière mariée avec le Citoyen Barran, et sa sœur seconde, la fille de *Jean Chicoy* mariée avec le Citoyen Dufau de Lescar, en qualité d'héritière de son père, *Casemajor-Jasses*, *Micoulau*, *Senton*, ci-devant fermier de la boucherie de Pau, *Samouzet* père, *Labat-Arramon*, *Jacques Touron*, tous de Pau, *Jacoulet Pebayle*, ci-devant métayer de Laborde-Hourest, et son fils aîné, résidents à Astis, Jean *Ourte* du Bosc-Darros résident à Nay, la fille du Citoyen *Sauterai* épouse du Citoyen Despagnet, en qualité d'héritière de son père, résidente à Ladevèze; auteurs, fauteurs et participans des entreprises, expulsion et usurpation dont il s'agit, à indemniser le Comparant de tous les dommages et détériorations commis dans son Domaine depuis l'époque du trouble au mois de janvier 1789, jusqu'à la réintégration; comme aussi ceux qu'il éprouvera dans ses récoltes et jouissances, jusqu'à ce que led. Domaine aura été rétabli dans l'état d'amélioration où il étoit à la dite époque : dans laquelle indemnité entreront les non jouissances, frais de reconstruction des bâtiments, des digues, rétablissement des berges, terrasses, fossés barrières, canaux, rigoles, ponts, écluses, puits, meubles, effets instruments aratoires, équipages, matériaux, bois, planches d'approvisionnement généralement quelconques suivant que le tout sera fixé et apprécié par des experts dont les parties conviendront, ou qui faute d'en convenir, seront nommés d'office par le Tribunal; à cet effet, ordonner avant faire droit, que par un Commissaire qui sera à ces fins nommé ; il sera procédé parties présentes ou dûement appellées à la constatation de l'état actuel dudit Domaine et des dommages et dégradations commis depuis le dernier procès-verbal de constatation ; les condamner aussi solidairement aux dépens. Et attendu que la voie de conciliation peut être nécessaire, il nous demande de lui accorder notre cédule pour citer dans cet objet, lesd. Citoyens *Labourdette* charron, *Pebayle* fils aîné ; en qualité d'héritier de son frère premier cadet, la veuve de *Mathieu* maçon en qualité d'héritière de son mari, *Jeanne Pelle*, héritière de son père maçon, et *Jean Leyau* en qualité d'héritier de Jean Leyau son oncle troisième cadet. Dans cet objet, il les a fait citer à comparoître cejourd'hui et heure présente devant nous, pour se concilier sur l'exposé ci-dessus, et led. Citoyen Laclède a signé. Signé, sur le registre : LACLÈDE.

A comparu le Citoyen *Bernard Labourdette*, charron de la présente commune, et a dit, qu'il n'a causé aucun dommage au Citoyen Laclède, ni coopéré en aucune manière aux dévastations de son Domaine de St Sauveur de Lousse et a signé. Signé sur le registre : LABOURDETTE.

A aussi comparu la Citoyenne *Jeanne Pelle* héritière de son père, de la présente commune, et a dit, qu'étant dans son bas âge, lors de la destruction du Domaine du Citoyen Laclède, par cette raison elle n'a aucune connaissance de rien, et n'a su signé de ce faire interpellée. Signé sur le registre : LARRIU, juge de paix.

A également comparu la Citoyenne *Marie*, veuve *Mathieu Maçon* de la présente commune, et a dit qu'elle n'a aucune connaissance des destructions et détériorations commises au préjudice du Citoyen Laclède dans son Domaine de St Sauveur de Lousse, et n'a su signer de ce faire interpellée. Signé sur le registre : LARRIU, juge de paix.

A aussi comparu le Citoyen *Pebayle* premier né de la commune d'Astis, héritier de son frère décédé, et a dit, qu'il n'a aucune connaissance que feu son frère ait commis aucun dommage au Citoyen Laclède, et n'a su signer de ce faire interpellé. Signé sur le registre : LARRIU, juge de paix.

Est aussi comparu le Citoyen *Jean Camy* dit *Leyau* de cette commune, co-héritier bénéficiaire de *Jean Leyau* son oncle, troisième cadet, et a dit, qu'il n'est pas de la connaissance que ledit *Jean Leyau* son oncle ait commis aucun dommage au Citoyen *Laclède* et a signé. Signés sur le registre : CAMY, SEGUINOTTE, curateur

Les parties n'ayant pu être conciliées, les avons renvoyées à se pourvoir devant les Juges compétens. Signés sur le registe : LARRIU, juge de paix, FERRIER, NERON, assesseurs, Guilhaume BORDENAVE, greffier, enregistré à Pau, reçu un franc. Signé : BROUCARET, constat les mots (doivent avoir *Fourcade* cadet, dernière et bénéficiaire), retouchés à la présente et interligne.

Collationné. Signé : G. BORDENAVE.

Le Premier Brumaire de l'an 7 de la République, par moi huissier résident à Pau, soussigné, pourvu de Patentes, à la Requête du Citoyen *Jean Laclède*, Maître particulier de la ci-devant Maîtrise des Eaux et Forêts de Pau, actuellement à Bedous, canton d'Accous, lequel fait élection de domicile pour cette affaire seulement à Pau, en la maison du Citoyen *Pomata* Défenseur officieux, rue de la Municipalité, n° 7. Les procès-verbaux de non-conciliation du Bureau de Paix de la commune de Pau, en date des 9, 11 et 19 vendémiaire du présent mois, et qui sont en tête, ont été bien et duement signifiés au Citoyen *Jacques Touron* résident à Pau, avec déclaration que le requérant ayant inutilement essayé la voie de la conciliation sur la demande en indemnité qui lui est due, à raison des dommages, dégradations, dévastation et usurpation qu'il a éprouvés dans son Domaine de St Sauveur de Lousse; il persévère dans l'intention de se pourvoir en justice pour l'obtenir; en conséquence, il cite et assigne par le présent ledit *Jacques Touron* à comparoître le vingt un du mois de Brumaire courant à dix heures du matin à l'audience du Tribunal Civil du Département des Basses-Pyrénées séant à Pau, pour voir prononcer sur la demande du Requérant, qui concluera à être réintégré dans la possession et jouissance de son Domaine de St Sauveur de Lousse, dont il a été expulsé par voie de fait, par violence et usurpation. Ce faisant condamner solidairement les Citoyens *Forcheron* substitut du Commissaire du Directoire exécutif au Tribunal criminel, *Péré-David* fils premier né, marié avec une fille de Thibaut, tant en son propre nom, qu'en qualité d'héritier de son père, *Péré-David* fils, second né, *Lauga St Ongès*, *Bernard Hondas*, ci-devant fermier du Maransin, Jean *Loup* père, Antoine *Laborde-Hourest* fils premier né, tant en propre, qu'en qualité d'héritier de son père, *Monge* dit *Rousseu*, dit *Pichon*, et *Jean* son fils premier né, *Pierre Puyou* dit *Menjou* second cadet, *Anne* fille *d'Henri Philipon*, mariée avec *Casenave* dit *Pisseu* en qualité d'héritière de son père, *Paul Phili-*

pon père, *Cambeilh* fils premier né, en qualité d'héritier de son père, *Paul Peboué* et son fils second né, *Françoise Carrérot* mariée avec le Citoyen Lanne, en qualité d'héritière de Jeanne Carrérot sa sœur, veuve de Frix St Lanne premier né, celle-ci héritière et bien tenante de son mari, *Filhe* et *Pierre* son fils premier né, Guilhaume *Catgeres*, métayer à la métairie de Guiraut, ci-devant appartenante au Citoyen Forcheron, *Etienne Pedentour* dit *Guilhem* premier né, en qualité d'héritier de son père et de sa mère, *Jean-Pierre Guilhem* oncle, *Gaye* dit *Andreu*, *Gaye dessus* fils, premier né, en qualité d'hériter de son père, *Hourtic* fils premier né, tant en son propre, qu'en qualité d'héritier, de son père, *Jean Castets* dit *Joanne-Dadam* fils premier né, *Raymond* son frère, *Marie*, autre *Marie* et *Jeanne Lacaussade* les sœurs, en qualité d'héritiers de leur père, *Lacaussade*, tant en son propre qu'en qualité d'héritier de son père, *Larmanou* métayer à la métairie des ci-devant Religieuses de Notre-Dame, *Malus* père et son fils premier né, *Monge*, *Jean Leyau*, tant en son propre qu'en qualité d'héritier de *Jean Leyau* son oncle quatrième né, *Mathieu Puyau*, *Portugau* premier né, tant en son propre qu'en qualité d'héritier de son père, *Anne Péré*, mariée avec Aramonde de Lescar, en qualité d'héritière de son père, *Baptiste Puyou* dit *Menjou* second né et son fils premier né, *Georgis* et son fils premier né, *Filhe* fils second né, *Carrerot*, *Pierre Labourdette* tailleur, *Camy* dit *Beguarie*, *Bordenave* marié avec la cadette de Lacaussade, *Fourcade* dit *Biraben*, *Cordonnier*, gendre du Cerma, *Anecot* de dessus, tant en son propre qu'en qualité d'héritier de son père, *Guiton* dit *Arnaudané* premier né, tant en son propre qu'en qualité d'héritier de son père et son frère second né, *Bernard Barincou* dit *Bié* fils, *Joseph Micoulau* troisième né, *Dominique Pater*, *Busqueres* premier né, en qualité d'héritier de son père, *Doudet* fils premier né, son frère, sa sœur première mariée avec le Citoyen *Forcade*, sa sœur dernière mariée avec le Citoyen *Barran*, et sa sœur seconde cadette en qualité d'héritiers de leur père, la fille de *Jean Chicoy* mariée avec le Citoyen *Dufau* de Lescar, en qualité d'héritière de son frère, *Casamajor-Jasses*, *Jacques Micoulau*, *Tausin* dit *Senton* ci-devant fermier de la boucherie de Pau, *Samouzet* père, *Labat-Aramon*, *Jacques Touron*, tous de ladite commune de Pau, *Pebayle* ci-devant métayer de Laborde-Hourest et son fils premier né, tant en propre qu'en qualité d'héritier de son frère second né résidans à Astis, *Jean Ourte* du Bosdarros habitant à Nay, *Marie Sauterai* épouse du Citoyen Olivier Tursan-Despagnet, habitant dans la commune de Ladevèse, département du Gers, en qualité d'héritière de son père, *Menine* fils premier né, en qualité d'héritier de son père, *Labourdette* charron, la veuve de *Mathieu* maçon, en qualité d'héritière de son mari et *Jeanne Pele* héritière de son père maçon, habitans de la commune de Pau ; auteurs, fauteurs et participans des entreprises, expulsion et usurpation dont il s'agit, à indemniser le requérant de tous les dommages et détériorations commis dans son Domaine depuis l'époque du trouble au mois de janvier 1780, jusqu'à sa réintégration, comme aussi ceux qu'il éprouvera dans ses récoltes et jouissances, jusqu'à ce que led. Domaine aura été rétabli dans l'état d'amélioration où il étoit à lad. époque, dans laquelle indemnité entreront les non-jouissances, frais de reconstruction des Bâtimens, des Digues, rétablissement des Berges, Terrasses, Fossés, Barrières, Rigoles, Ponts, Ecluses, Puy, Meubles, effets, Instruments aratoires, Equipages, Matériaux, Bois, Planches d'approvisionnement, généralement quelconques, suivant que le tout sera fixé et apprécié par des Experts, dont les parties conviendront, ou qui faute d'en convenir, seront nommés d'office par le Tribunal, à cet effet, ordonner avant faire droit, que par un Commissaire qui sera à ces fins nommé, il sera procédé parties présentes, ou dûment appellées, à la constatation de l'état actuel dud. Domaine ; des dommages et des dégradations commis depuis le dernier procès-verbal de constatation, les condamner aussi solidairement aux dépens, et ai baillé copie audit *Jacques Touron* tant desdits procès-verbaux de non-conciliation que du présent, dans son domicile où je me suis à cet effet transporté, parlant comme à l'original. Signé : MENET, huissier.

XIV

VENTE DU DOMAINE DE SAINT-SAUVEUR DE LOUSSE

LE DOMAINE SAINT-SAUVEUR DE LOUSSE, *appartenant aux héritiers* LACLÈDE, *situé à Pau, touchant d'un côté, au Pont Long et d'un autre aux hameaux de Pau, se vendra aux enchères, devant M*[e] BRASCOU, *notaire à Pau, rue Tran, n*° 34.

Payable à Pau 1/5 par année.

Le capitaliste qui voudrait se donner un revenu assuré sans se livrer aux soins de la culture, placerait utilement ses fonds, en acquérant cet immeuble, dont les produits en tuie et en bois se vendent avec avantage; et en outre, sa proximité et la bonté de ses pâturages obligent les propriétaires de bestiaux voisins à les affermer habituellement, ne pouvant les remplacer ailleurs.

Canton Saint-Eustache (4 lots); savoir :

1er *Lot*, de contenance de 5 hectares 45 ares (14 arpens 1/4 14 escats); tenant du Nord, à terres de Fouchet et de Manescau, chemin projeté entre deux; de l'est, au 2e lot; du midi, à terres de Manescau, de Micoulau et de Bouzoum, et de l'ouest, à terres de la commune de Lons.

2e *Lot*, contenant 5 hectares 7 ares 50 centiares (15 arpens 1/4 15 escats); tenant du nord, à terres de Manescau, chemin projeté entre deux; de l'est, audit chemin; du midi, à terres de Gaye et Manescau; de l'ouest, au 1er lot.

3e *Lot*, contient 5 hectares 44 ares 15 centiares (14 arpens 1/4 10 escats); tenant du nord, à terres de Grangé et Manescau, de l'est, au 4e lot; du midi, à terres de Dufau et de l'ouest à chemin projeté.

4e *Lot*, contient 5 hectares 43 ares 75 centiares (14 arpens 1/4 0 escats), tenant du nord, à terres et chemin de Grangé; de l'est à chemin de Crabé; du midi, à terres de Manescau et de l'ouest, au 3e lot.

Canton Saint-Pierre (3 lots)

5e *Lot*, contenant 5 hectares 83 ares 40 centiares (15 arpens 1/4 14 escats), tenant du nord, au pont long; de l'est, au 6e lot, du midi, à terre de M. Dufau et de la Commune; de l'ouest, au chemin du Crabé.

6e *Lot*, contenant 4 hectares 74 ares 10 centiares (12 arpens 1/4 32 escats), tenant du nord, à terres de la vallée d'Ossau et chemin d'Arnaudané; de l'est, au 7e lot; du midi, à terre de Grangé et de l'ouest, au 5e lot.

7e *Lot*, contenant 4 hectares 93 ares 10 centiares (12 arpens 3/4 34 escats), tenant du nord et de l'est, au chemin d'Arnaudané, du midi, à terres de la vallée d'Ossau et de Grangé et de l'ouest, au 6e lot.

Canton Sainte-Cécile (7 lots)

8e *Lot*, contenant 5 hectares 15 ares 10 centiares (13 arpens 1/2), tenant du nord, à terres du Normant; de l'est, au 9e lot; du sud, à terre communale et de l'ouest, au chemin d'Arnaudané.

9e *Lot*, contenant 4 hectares 08 ares 30 centiares (13 arpens 16 escats), tenant du nord, à terres du Normant; de l'est, au 10e lot, du sud, à terre communale et de l'ouest, au 8e lot.

10e *Lot*, contenant 5 hectares 6 ares 10 centiares (14 arpens 3/4 26 escats), tenant du nord, à terres du Normant; de l'est, au 11e lot; du sud, au chemin de Rivehaute et de l'ouest, au 9e lot.

11e *Lot*, contenant 6 hectares 2 ares 10 centiares (15 arpens 3/4 14 escats), tenant du nord, à terres du Normant; de l'est, au 12e lot; du sud, au chemin de Rivehaute et de l'ouest, au 10e lot.

12e *Lot*, contenant 7 hectares 36 ares 20 centiares (19 arpens 1/4 19 escats), tenant du nord, à terres du Normant; de l'est, au 13e lot; du sud, au chemin de Rivehaute et de l'ouest, au 11e lot.

13e *Lot*, contenant 6 hectares 14 ares 50 centiares (16 arpens 20 escats), tenant du nord, à terres du Normant; de l'est, au 14e lot; du sud, au chemin de Rivehaute et de l'ouest, au 12e lot.

14e *Lot*, contenant 2 hectares 62 ares (6 arpens 3/4 20 escats), tenant du nord, à terre du Normant; de l'est, à la grande route de Pau à Buros; du sud, au chemin de Rivehaute et de l'ouest, au 13e lot.

Canton Saint-Antoine (3 lots)

15e *Lot*, contenant 4 hectares 65 ares 70 centiares (12 arpens 1/4), tenant du nord, à terres de la vallée d'Ossau; de l'est, au 16e lot; du sud à terres de Catrieulet, de Gan et de l'ouest, à la grande route de Pau à Buros.

16e *Lot*, contenant 3 hcetares 22 ares 40 centiares (8 arpens 1/4 34 escats), tenant du nord, à terres de la vallée d'Ossau; de l'est, au 18e lot; du sud, à terres du Bec et de l'ouest, au 15e lot.

17e *Lot*, contenant 3 hectares 53 ares (9 arpens 1/4 6 escats), tenant du nord, à terres de la vallée d'Ossau; de l'est, au chemin Larron; du sud, à terres du Bec et de l'ouest, au 16e lot.

Canton Saint-Jean (3 lots)

18e *Lot*, contenant 3 hectares 46 ares 60 centiares (9 arpens 17 escats), tenant du nord, à terres de la vallée d'Ossau; de l'est, au 19e lot; du sud, à terres de Tuhet et de l'ouest, au chemin de Larron.

19e *Lot*, contenant 4 hectares 3 ares 90 centiares (10 arpens 1/2 18 escats), tenant du nord, à terres de la vallée d'Ossau; de l'est au 20e lot; du sud, à terres de Guilhem-Pedentour et de Tuhet et de l'ouest, au 18e lot.

20e *Lot*, contenant 4 hectares 58 ares 10 centiares (12 arpens 10 escats), tenant du nord, à terres de la vallée d'Ossau; de l'est, au chemin de Guilhem-Pedentour; du sud, à terre de Guilhem et de l'ouest, au 19e lot.

Canton Saint-Sauveur (26 lots)

21e *Lot*, contenant 1 hectare 75 ares (4 arpens 1/2 15 escats), tenant du nord, à la lande du Pont Long; de l'est, au 22e lot; du sud, à chemin projeté et de l'ouest, à chemin de Guilhem.

22e *Lot*, contenant 1 hectare 48 ares 30 centiares (3 arpens 3/4 22 escats), tenant du nord, à la lande du pont long; de l'est, au 23e lot; du sud, au chemin projeté et de l'ouest, au 21e lot.

23e *Lot*, contenant 1 hectare 61 ares 20 centiares (4 arpens 1/4), tenant du nord, à la lande du Pont Long; de l'est, au 24e lot; du sud, au chemin projeté et du couchant, au 22e lot.

24e *Lot*, contenant 1 hectare 83 ares (4 arpens 3/4 10 escats), tenant du nord, à la lande du pont long; de l'est, au 25e lot; du sud, au chemin projeté, et de l'ouest, au 23e lot.

25e *Lot*, contenant 1 hectare 76 ares 40 centiares (4 arpens 1/2 20 escats), tenant du nord, à la lande du pont long; de l'est, au 26e lot; du sud, au chemin projeté et de l'ouest, au 23e lot.

26e *Lot*, contenant 1 hectare 40 ares 30 centiares (3 arpens 1/2 28 escats), tenant du nord, à la lande du pont long; de l'est, au 29e lot; du sud, au 27e lot et de l'ouest, au 25e lot.

27e *Lot*, contenant 1 hectare 80 ares 10 centiares (4 arpens 1/2 34 escats), tenant du nord, au 26e lot; de l'est, au 28e lot; du sud, au chemin projeté et de l'ouest, au 25e lot.

28e *Lot*, contenant 2 hectares 40 ares 20 centiares (6 arpens 1/4 11 escats), tenant du nord au 29e lot; de l'est, au 31e lot; du sud, au chemin projeté; de l'ouest, au 27e lot.

29e *Lot*, contenant 1 hectare 44 ares 40 centiares (3 arpens 3/4 7 escats), tenand du nord, à la lande du pont long; de l'est, au 30e lot; du midi, au 28e lot et de l'ouest, au 26e lot.

30e *Lot*, contenant 1 hectare 40 ares 30 centiares (3 arpens 1/2 28 escats), tenant du nord, à la lande du pont long; de l'est, au 33e lot; du sud, au 32e lot et de l'ouest, au 29e lot.

31e *Lot*, contenant 2 hectares 47 ares 30 centiares (6 arpens 1/2 1 escat), tenant du nord, au 32e lot; de l'est, au 32e lot; du sud, au chemin projeté et de l'ouest, au 28e lot.

32e *Lot*, contenant 3 hectares 44 ares (9 arpens 6 escats), tenant du nord, aux 30e et 33e lots; de l'est, au 34e lot; du sud, au chemin projeté et 31e lot et de l'ouest, au 31e lot.

33e *Lot*, contenant 1 hectare 45 ares (3 arpens 3/4 10 escats), tenant du nord, la lande du pont long; de l'est, au 32e lot; du sud, au 34e lot et de l'ouest, au 30e lot.

34e *Lot*, contenant 4 hectares 49 ares 50 centiares (11 arpens 3/4 11 escats) ,tenant du nord, à la lande du pont long; de l'est, aux 35e, 36e et 37e lots; du sud, au chemin projeté et de l'ouest, au 32e lot.

35e *Lot*, contenant 2 hectares 43 ares 30 centiares (6 arpens 1/4 22 escats), tenant du nord, à la lande du pont long; de l'est, à l'ancien chemin de Morlàas; du sud, au 36e lot et de l'ouest, au 34e lot

36e *Lot*, contenant 2 hectares 38 ares (6 arpens 1/4 2 escats), tenant du nord au 35e lot; de l'est, à l'ancien chemin de Morlàas; du sud, au 37e lot et de l'ouest, au 34e lot.

37e *Lot*, contenant 2 hectares 28 ares 10 centiares (6 arpens 1 escat), tenant du nord, au 36e lot; de l'est, à l'ancien chemin de Morlàas; du sud, au chemin projeté et de l'ouest, au 34e lot.

38e *Lot*, contenant 2 hectares 48 ares 40 centiares (6 arpens 1/2 6 escats), tenant du nord, au chemin projeté; de l'est, à l'ancien chemin de Morlàas; du sud, au 39e lot et de l'ouest, au 42e lot.

39e *Lot*, contenant 2 hectares 58 ares 30 centiares (7 arpens 3/4 7 escats), tenant du nord, au 38e lot; de l'est, à l'ancien chemin de Morlàas; du sud, au ruisseaul l'Ousse et de l'ouest, au 42e lot.

40e *Lot*, contenant 3 hectares 60 ares 30 centiares (9 arpens 1/2 31 escats), tenant du nord, au ruisseau l'Ousse; de l'est, à l'ancien chemin de Morlàas; du sud, au 41e lot et de l'ouest, au 42e lot.

41e *Lot*, contenant 2 hectares 57 ares (6 arpens 3/4 2 escats), tenant du nord au ruisseau l'Ousse; de l'est, au 40e lot; du sud, à terres de M. Lansacq et de l'ouest, au 43e lot.

42e *Lot*, contenant 6 hectares 91 ares 40 centiares (18 arpens 29 escats), tenant du nord, au chemin projeté; de l'est, aux 38e et 39e lots; du sud, au ruisseau de l'Ousse et de l'ouest, au 43e lot.

43e *Lot*, contenant 5 hectares 1 are 40 centiare (13 arpens 29 escats), tenant du nord, au chemin projeté; de l'est, aux 41e et 42e lots; du sud, à terres de M. Lansacq et de l'ouest, au 44e lot.

44e *Lot*, contenant 5 hectares 70 ares 60 centiares (15 arpens 2 escats), tenant du nord, au chemin projeté; de l'est, au 43e lot; du sud, à terres de Lansacq, de Busqueres (veuve) et de Meuilh dit Loy et de l'ouest, au 45e lot.

45e *Lot*, contenant 6 hectares 99 ares 70 centiares (18 arpens 1/4 24 escats), tenant du nord, au chemin projeté; de l'est, au 44e lot; du sud, à terres de Meuilh et de Guilhem et de l'ouest, au 46e lot.

46e *Lot*, contenant 4 hectares 10 ares 30 centiares (10 arpens 3/4 7 escats), tenant du nord, au chemin projeté; de l'est, au 45e lot; du sud, à terre de Guilhem-Pedentour et de l'ouest, au chemin de Guilhem.

De l'imprimerie de Vignancour, imprimeur du Roi.

XV

Jean-Gratien de Laussat, mélanges historiques et souvenirs. Laclède, *notre Maître particulier des Eaux et Forêts*

Je n'ai pas connu de béarnais qui fit plus d'honneur à son pays par ses connaissances et par ses vertus. Il a eu, comme on voit ci-dessus au siège, à la Maîtrise, une charge qu'il a toujours remplie avec autant de droiture que de capacité. C'est une partie où peu de ses confrères ont autant travaillé que lui et été autant en état de le faire et bien faire. Je l'entends de l'administratif comme du contentieux. Il lui en est revenu de la part du gouvernement des témoignages flatteurs et de confiance par des commissions très importantes et non moins délicates pour lesquelles on l'a préféré, lorsque l'occasion s'en est présentée.

Je ne citerai que celle qui concerne notre *Pont long*, cette lande immense qui s'étend depuis *Lourde* jusqu'à *Bordeaux* et où tout le bétail de *Béarn*, sa seule richesse, s'alimente, les 6 à 7 mois de l'année, c'est-à-dire tout le temps que la neige et les frimas couvrent *nos montagnes*.

Quoique la propriété de cette lande eût souvent excité les éforts voraces et litigieux du *fisc*, elle avait constamment été reconnue, sinon d'après des *titres primordiaux* bien valides, du moins d'après une *possession* très ancienne et divers *jugemens du Conseil* appartenir à la vallée d'Ossau.

Elle en était donc à jouir paisiblement lorsque, par une *concession du roi* revêtue de toutes les formalités d'usage, *en faveur du comte de Polastron, père de la duchesse de Polignac, favorite de la Reine* et qui disposait alors à son gré pour elle et pour les siens, de toutes les grâces, cette misérable vallée se trouva en butte, tout à coup, à une nouvelle attaque bien autrement dangereuse que toutes celles qui avaient précédé. Un *grand procès* s'engage. M. *de Laclède* fut commis pour l'examen des titres, leur vérification, leur dépouillement, le rapport raisonné, et là dessus donner son avis.

Il y emploia six mois du travail le plus assidu et le plus pénible. Il y traita avce profondeur la partie de notre *droit public du Béarn*, porta jusqu'à la dernière évidence le point essentiel, c'est-à-dire en quoi il differoit du *droit public de la France* à laquelle le *Béarn* régi par *sa constitution* et par des loix propres et particulières n'avoit été réuni qu'en 1620 *sous Louis XIII*.

C'est par là, c'est surtout par son exactitude, son intégrité, la pureté de ses sentiments, sa résistance inflexible aux motifs qu'on lui presentoit de s'attirer la protection *d'une maison puissante*, disposée à faire tout pour lui, qu'on sauva *à la vallée* cette propriété si précieuse dont le *Concessionnaire* avait déjà traité avec une *Compagnie* avide et cultivatrice, et *au Béarn*, la privation absolue du seul élément de ses moyens d'existence.

Eh! bien qu'a recueilli ce digne et rare citoyen de 40 *années d'exercice* continuel et rigide de tant de qualités et d'actions bienfaisantes? Oui, sans doute, l'estime et la considération des hommes faits pour l'aprécier, dont malheureusement la classe n'est ni la plus prépondérante, ni la plus nombreuse, mais bien plus encore la jalousie et l'envie de la majeure partie de ses *compatriotes*, l'ingratitude de cette *vallée* qui lui devait tant, et de la part du *Gouvernement*, l'aliénation à titre de cens, d'un *domaine d'environ* 500 *arpens perche royale*, contigu à ce même *Pont Long*, *domaine* dont le roi étoit incontestablement le seul propriétaire.

Ce terrain, toujours inculte, toujours ouvert, aussi mal surveillé et gardé que le sont en général tous ceux non affermés qui appartiennent au *fisc*, est tout près de *Pau* et, pour ainsi dire, sous la main de tous les *paysans* qui sont hors la ville. Ils y menoient paître *leur bétail*. Ils y dévastoient, on ne leur disoit mot. Leur entreprise favorisée par l'impunité les avoit insensiblement accoutumés à s'envisager comme les vrais maîtres.

A la vue de l'arrêt de concession, de la clôture, de la culture, de la possession individuelle qui alloient s'en ensuivre (*sic*), ils s'exaltèrent, s'émeutèrent, se déchaînèrent, firent opposition, *attaquèrent d'abord au parlement* pour empêcher qu'il n'enregistrât, et qui néanmoins enregistra, puis, par appel, *en Conseil du roi* où leur succès ne fut pas meilleur et ne pouvait l'être.

Leur fureur en devint plus forte. L'anarchie et les excès auxquels la *Révolution nationale* a servi de manteau et de véhicule et qu'on a pu porter impunément et au-delà de toute croyance, aussi loin qu'on a voulu, ont servi ces *brigands* à leur gré.

Les *fossés* abymés et détruits, des *touyas* et des *taillis* incendiés jusqu'à la racine, des *arbres* arrachés, des *digues* démolies, de *champs* ensemencés dévorés en herbe ou en moisson, des miliers de tête de *bétail* mis à paître et répandus de jour et de nuit sous la garde de divers de ces *satellites armés* dans ce domaine immense; un grand *jardin* couvert de légumes et tout garni d'arbres à fruit rendu ras comme un pré fauché, une *maison*, des *granges* forcées, saccagées, pillées, démolies, à l'exception des murs, d'où l'on a même arraché les *pierres de tail* (*sic*); des piles considérables de *bois de chauffage* enlevées, en plein jour, sur des charrettes, en un mot tout ce que la rage peut inspirer de plus abominable et de plus atroce s'exécute ainsi, depuis près de 3 ans, à 4 pas de *Pau, chef-lieu du département*, sous les yeux des *corps administratifs*, de *la Municipalité* des *tribunaux de justice*, de la *garde nationale* la plus redoutable et la plus nombreuse, *des cavaliers de la maréchaussée*, des *soldats du guet*, en un mot de *toutes les forces les plus imposantes*, sans qu'il en soit résulté que quelques procédures, quelques informations, quelques envois de main-forte par manière d'acquît, qui n'ont, du moins jusqu'à présent, en rien dérangé les auteurs de leurs crimes horribles, puisqu'ils paroissent encore chaque jour, dans ces mêmes champs avec leur bétail.

Je dois ajouter les risques que M. *de Laclède*, sa *femme*, ses *enfans*, leurs *valets* ont couru pour leurs vies à plusieurs reprises.

Ils ont fini par tout abandonner et fuir à *Accous dans la vallee d'Aspe*, lieu d'origine et de naissance de *M. de Laclède*, où heureusement ses *ancêtres* lui avaient formé *un très beau patrimoine*.

Le prix accordé par le Roi à ses services qui se présentoit d'abord sous un aspect si flatteur et si propre à augmenter le bien-être de *ses enfans* est, par événement, ce qui y a apporté une atteinte peut-être irréparable. Le *domaine concédé* étant alors nud et tout en friche, et ne pouvant acquérir de valeur, un peu proportionnée à sa bonté et à son étendue, que par beaucoup de dépenses en tout genre, il s'y livre sans hésiter. Elles alloient déjà à plus de 40.000

livres. Cet argent venoit tout d'emprunt : il le doit encore. On n'obvieroit pas avec une pareille somme aux dégâts et dommages qu'il a reçu.

Si jamais la justice et la force publique reprennent assès leur activité et leur vigueur, il sera vangé, non du côté des attentats et des outrages, ce n'est plus le temps, mais du moins du côté de l'intérêt.

Les *procédures*, ses *informations* constatent tout et sont parfaitement en règle. *Parmi les criminels* qui y sont dénoncés et chargés se trouvent des *paysans très riches*. Ceux là payeront pour les insolvables, leur *responsabilité* étant solidaire. Il s'est d'ailleurs, en conformité des *décrets constitutionnels*, ménagé par des actes rendus nécessaires et faits à propos, celle sur les *officiers municipaux* coupables de refus ou de retard.

J'ai même peine à croire que bien connu des *chefs de la nouvelle administration*, il n'y soit appelé de manière ou d'autre (1).

La naissance de M. de Laclède est au-dessus du commun. De tous les temps, sa famille, chère à la vallée, y a joui des distinctions que le mérite ou la vertu procurent. Il avoit pour *oncle* un homme de lettres de son nom, connu par une *Histoire du Portugle*, qui, quoique médiocre, ne fut pas dans le temps sans quelque succès parce qu'on n'avoit pas mieux.

Cet oncle, accueilli par Voltaire, qui en parle dans ses lettres et qui même se plaint, ce me semble, de ce que lui ayant prêté de l'argent, il avoit été sa dupe, fut *secrétaire de M. le Comte de Coigni*, chez lequel je crois qu'il mourut encore assez jeune.

Un frère de M. de Laclède, garçon d'esprit, a eu le même sort à

(1) Ma prévoyance s'est réalisée. A peine m'en étais-je occupé et n'étais-je plus à le consigner ici, que la nouvelle de la nomination de M. de Laclède à l'une des plus belles places de *Conservateur général des forêts de la France* s'est répandue et que lui-même s'est empressé de m'en faire part. C'est par la création de ces places que l'Assemblée Constituante a cru suppléer le mieux à la suppression de celles de l'ancien régime forestier. La partie dévolue à M. de Laclède est une des plus importantes. Elle embrasse 4 départemens, parmi lesquels sont les Hautes et Basses-Pyrénées, c'est-à-dire tout ce qui avoisine nos montagnes, où, sans la mauvaise et dévastatrice administration qui a précédé, la mâture eût été inépuisable. Si le mal n'est pas sans remède on ne pouvait choisir un meilleur médecin.

la *Nouvelle-Orléans* (1), mais d'une manière bien plus désastreuse. Son commerce avec les *Sauvages* exigeoit que chaque année il se rapprochât d'eux. Ils finirent par le massacrer et le dévorer, au moment où, après avoir acquis une fortune considérable il se disposoit à rejoindre sa famille et à en venir jouir agréablement avec elle. *Son frère aîné* n'en a rien eu.

Leur ayeule était une *Latourrette*, nom perdu aujourd'hui en Béarn, mais à qui d'*habiles ministres protestans* avoient donné jadis de la réputation, et qui, dérivant d'une manière sensible, de l'idiome béarnais, me persuaderoit assès que *tous les Latourrette établis ailleurs* nous appartiennent originairement.

Je crois que l'*Académie des Sciences et Belles Lettres à Lyon* a aujourd'hui pour son *secrétaire* un *M. Latourrette.*

On jugera, par la longueur de cet article, combien la douceur de parler d'un de ceux de mes amis, qui a éprouvé le plus de malheurs et qui, par la sagesse, la tempérance et l'économie jointes aux autres bonnes qualités que j'ai déjà prônées, méritoit le moins cette destinée là, m'a paru un très juste hommage que mon cœur lui rendît.

XVI

PROCÈS-VERBAL D'AMÉNAGEMENT DE LA FORÊT DE LA COMMUNAUTÉ DE LAHOURCADE (1771)

L'an mil sept cent soixante onze et le deux juin, en la ville de Pau, dans notre hôtel, devant nous *Jean de Laclède*, conseiller du Roy, Maître particulier en la Maîtrise des Eaux et forêts, Commissaire Député par M. *de Bastard*, grand maître, pour l'exécution des arrêtés du Conseil des 27 mars 1764 et 7e novembre 1769, rendus à la requête de Messieurs les Syndicqs de la province de Béarn, concernant les aménagements des bois des Communautés, s'est présenté Jean-Paul *Moulia dit Bordenave*, du lieu de *Labourcade*, agissant pour les Echevins habitans et Communauté du même lieu; qui a dit que le bois de cette Communauté fut aménagé il y a nombre d'années et divisé en vingt cinq coupes, outre

(1) Il a laissé à sa mort dans ce pays un fils qui de mon tems y figuroit aux Illinois, à l'embouchure du Missoury, comme chef de cette partie de la colonie et chargé de la confiance du gouvernement espagnol. Je l'y ai vu, à ce titre, à la Nouvelle-Orléans, en 1803 (Note du fils de l'auteur des Ana).

le quart qui fut mis en réserve; qu'un arrêt du Conseil desrogea à cet aménagement et ordonna la division et exploitation du bois en quatre vingt cinq coupes annuelles, sans réserve du quart ni de balivaux, à la charge de planter chque coupe à la main pour les arbres croître en futaye. — que ce nouvel aménagement fut fait en l'année 1762, au mois de juillet, par M. *de Laborde*, Lieutenant du Siège, que M. le Grand Maître commit à cet effet : qu'en conséquence les coupes annuelles ont été exploitées depuis ladite année 1762 : que le bois se trouve maintenant si garny dans les coupes non exploitées que les vieux arbres étouffent la croissance des autres qui sont bien venans; qu'il serait très utile pour le bien et l'avantage de cette forêt de desraciner ou couper ces vieux arbres, afin que ceux qu'ils étouffent ou dont ils gênent et retardent la croissance peussent parvenir à leur perfection; que d'ailleurs, à la place de ceux que l'on desracineroit, on pourroit planter, en cas de besoin, des jeunes chênes qui n'embarrasseroient pas les autres, et qui dans certains endroits ne se trouveroient pas non plus embarrassés parce qu'ils n'auroient point des branches de plusieurs années : que lors du premier aménagement il avait été choisy un quartier de bois appelé Artigau pour y être formé une pépinière; que les Jurats d'alors firent fermer ce quartier et le semèrent de gland dans l'objet de cette pépinière; mais ce quartier, tout comme le restant du bois, étant sujet à des fortes et fréquentes innondations, il ny a point crû des essences ni ne s'y est formé aucunne pépinière; ce qui fit que lors de l'exécution de l'arrêt du Conseil, M. de Laborde, Commissaire, fixa un autre quartier pour la pépinière au parsan apellé *Lasque*, où elle n'a pas non plus réussi parraport à la stérilité du terrein; dans cet état les Jurats, habitans et Communauté nous suplient de nous transporter sur les lieux pour vérifier les susdits faits et y pourvoir selon notre Justice pour le plus grand bien et avantage de la Communauté; ce faisant permettre à la dite Communauté de desraciner ou couper les vieux arbres pour être le terrein qu'ils occupent complanté par des jeunes chênes afin de procurer au restant du bois la facilité convenable pour sa croissance, comme aussi extraire dudit bois le quartier apellé *Lartigau* pour y former une prairie en faveur de la Communauté à la charge par elle de fournir autant de terrein dans les communaux non aménagés, tel que nous l'estimerons convenable pour servir à la pépinière ou autrement, et le dit Moulia a signé. MOULIA dit BORDENAVE.

Par nous Maître Particulier, Commissaire député pour l'exécution des Arrets du Conseil des 27 mars 1764 et 7ᵉ novembre 1769 a été ordonné qu'à l'assistance du sieur Procureur du Roy de la Maîtrise, il sera par nous fait descente dans le bois de la Communauté de Lahourcade mardy prochain 4ᵉ juin courant pour dresser procès-verbal des faits contenus dans la requisition faite par le dit Moulia dit Bordenave pour les sieurs Echevins habitans et Communauté, et en fait être procédé ainsy qu'il appartiendra, sur la demande de la dite Communauté. A Pau dans notre hotel le dit jour deux juin mil sept cent soixante onze. Jean Baptiste *Puyou*, greffier au siège, écrivant sous nous. LACLÈDE.

L'an mil sept cens soixante onze et le quatre juin au lieu de *Lahourcade*, maison de Larrose, auberge publique, où nous dit Comʳᵉ nous sommes rendu avec M. le Procureur du Roy et Jean-Baptiste Puyou, greffier au siège, en exécution de notre ordonnance du 2ᵉ, s'est présenté le dit Jean Paul *Moulia* dit *Bordenave* assisté des Sieurs *Nouboly* et *Tembourré*, Echevins, et des Sieurs *Cassou*, *Moulia*, *Audaux*, *Naude*, *Lasbasses*, *Bégorrat*, Députés choisis par la Communauté, et nous auroient représenté que partie des arbres qui sont dans les différends bois communs où les coupes n'ont pas été exploitées, arrettent la croissance des autres arbres bien venans, par leur proximité, de sorte qu'il paroit nécessaire de les enlever pour le plus grand bien de la forest, avec d'autant plus de raison que la meilleure partie de ceux qu'il faut enlever sont des arbres vieux et très dépérissans.

2° Il y en a plusieurs dans les différends bois le long des ruisseaux qui les traversent, partie desquels arbres sont courbés sur ces eaux et à même d'y tomber, les autres en gênent le cours et les font dégorger de leurs lits, ce qui cause des domages sur les fonds voisins, ce qui fait qu'il est nécessaire de couper ces arbres; 3° le quartier apellé *Lartigau* contenant environ deux arpents, dépendant du bois *Maubecq*, forme la figure d'un quarré long séparé du restant du bois par le ruisseau *Lèze*; entre celuy cy et le pré de *Loustalet*, de *Nogueres*, il se trouve qu'une petite partie des cinquante septième coupe et des postérieures jusques à la soixante sixième y sont assises; ce terrein est impropre à la bonne qualité des arbres : le petit nombre qui si trouve maintenant sont tous gelés, vermoulus et de nulle valeur; ils ont été étêtés anciennement et ne sont propres que pour bois de chauffage; il est aussi nécessaire de les desraciner pour en éviter l'entière perte, et comme la Communauté n'a nulle rente, qu'elle fournit à l'entretien du luminaire de l'Eglise et qu'elle a d'autres besoins, elle désire former une prairie dans ce petit canton pour y lever du foin qui luy produira un secours annuel; et Nous Commissaire pourrons remplacer cette partie de bois sur un autre quartier apellé *le Geu* qui n'est pas compris dans l'aménagement, où le terrein est très propre à la production des arbres, étant d'ailleurs déjà plus fourny que le quartier Lartigau. 4° Comme M. *de Laborde*, Commissaire de l'aménagement fait en 1762 ne prescrivit point à la Communauté l'ordre à observer pour l'exploitation des coupes annuelles, les habitans ignorent si elles auront été bien faites, ni Eux ni les Jurats, qui sont des rustiques, ne connaissant aucune règle sur cette matière: ils nous observent que l'on y a seulement exploité les vieux arbres et que l'on en a laissé sur pied quelques uns des jeunes qui n'étoient pas encore parvenus à leur entière croissance, croyant que c'étoit un plus grand avantage pour la Communauté, afin de les couper lorsqu'ils dépériroient; cependant le remontrant vient de voir dans ce moment pour la première fois, l'arrêt du Conseil, en vertu duquel le dernier aménagement fut fait; l'ayant fait chercher aux Archives depuis notre arrivée, sur la demande que nous en avons faite; il y a trouvé que tous les arbres de chaque coupe devoient être exploités, de sorte que la Communauté espère que nous leur permettrons d'exploiter ces arbres, de même que ceux de *Lartigau*, et les autres qui gênent le cours des eaux ou qui sont dans le risque d'y tomber, tout comme les autres arbres qui gênent la croissance de ceux de belle venue dans les coupes éloignées, et que nous accorderons à la Communauté la liberté de vendre ces arbres à son profit pour en employer le produit à payer partie de ses charges annuelles et partie du prix de l'adjudication de la tâche de la nouvelle route royalle de *Monein* à *Orthez*, pour laquelle elle est fort pressée, relativement au payement de la somme de quatre mille six cens livres, prix de l'adjudication; 5° à l'égard du terrain choisy pour la pépinière, lors de l'aménagement nous l'examinerons ainsi que les autres vaccans et si nous en trouvons de plus propre nous le choisirons en remplacement; la Communauté ne cherchant que le plus grand bien, s'en rapportant à notre prudence et le dit Moulia dit Bordenave a signé. MOULIAA, dit BORDENAVE.

Après quoy, Nous dit Commissaire nous serions transporté avec

M. le Procureur du Roy, notre greffier, les Sieurs Nouboly, Tembourré, échevins, Cassou, Moulia Audaux, Lasbasses, Begorrat et Moulia dit Bordenave, députés et le nommé Careau, garde forest dans le bois apellé de *Maubecq*, le dit sieur Moulia, dit Bordenave, sindicq, nous ayant représenté le plan figuratif des bois apartenans à la Communauté et l'arrêt du Conseil du 20e octobre 1761. Nous aurions interpellé notre greffier pour savoir si la procédure d'aménagement était déposée au greffe : il nous auroit declaré n'y avoir trouvé qu'une copie du dit plan figuratif, levé par le sieur *Tachon* arpanteur de la Maîtrise, sur laquelle on trouve couché un verbal du dit arpanteur approuvé par M. *de Laborde*, Commissaire et duquel il résulte qu'en exécution du dit arrêt du Conseil, il avoit été procédé à l'aménagement de cinq différends bois pour n'en former qu'un, les mois de may et juin 1762, de contenance de cent dix arpens quatre vingt cinq perches; lesquels bois avoient été divisés en quatre vingts coupes sans distraction de quartier de réserve; et ayant parcouru, assisté comme dessus le dit bois apellé de *Maubecq* et appliqué le plan figuratif, Nous aurions observé qu'il est de contenance de quatre vingt trois arpens nonante cinq perches, ouvert de tous côtés, percé par plusieurs chemins et assis sur la plaine et dans un terrein gras et humide dans quelques parties; qu'il est d'essence de chêne futaye, que les arbres sont en général jeunes, droits, élevés et d'une belle espérance, y en ayant néanmoins de vieux, gélifs, secqs et vermoulus, qui sont parsemés çà et là; que comme les plantations se sont faites en différents temps, les exploitations se faisant en jardinant avant l'établissement de la dite Maîtrise, des jeunes arbres se trouvent trop près des vieux qui sont viciés et souffrent, que les ruisseaux apellés *Luzoué* et *Lalèze* serpentent dans une partie du dit bois, que leur lit se trouvant étroit, tortueux et embarrassé, même par quelques arbres qui se trouvent aux bords, les eaux, lors des crues, se répendent; celles de la *Lèze* dégorgent principalement dans un canton appelé *Lartigau* de contenance d'environ deux arpens, lequel est situé à la droite du ruisseau et peuplé de chênes étêtés, deshonorés et de peu de valeur et assis loin les uns des autres (A); que le terrein de ce canton, loin d'être propre par sa situation à la croissance et bonne qualité des arbres, ne peut servir que pour une prairie ou un gras pâturage, à moins de luy don-

(A) Formant le nombre de cent deux arbres. (LACLÈDE, *Cannet*, *Puyou*.)

ner une pente et d'élargir et aligner le lit du ruisseau : Qu'il y a près d'une maison et d'un champ fertile quelques vieux arbres, dont les branches occasionnent du domage: qu'il ne paroit pas qu'il ait été commis dans le dit bois des délits ni malversations, qu'il ait été au contraire très bien gardé de manière qu'il présente pour l'avenir une très grande ressource pour la construction et pour le chauffage; cella fait, nous, sur les représentations des Sieurs Echevins et Députés et de l'avis de M. le Procureur du Roy, Nous aurions fait marquer, pour servir à telles fins que de raison, du marteau de la Communauté, dans le dit bois de *Maubecq*, le nombre de cent cinquante un chênes vieux et viciés dont quelques uns se trouvent sur les bords des dits ruisseaux, d'une maison et d'un champ ensemencé, et les autres tout au près de quantité de jeunes chênes qui souffrent par le voisinage des couronnes, branches et racines des gros chênes gatés, tellement que la croissance est arrêttée; le mal seroit d'autant plus considérable si on ne dégageoit les jeunes plans et si on ne leur donnoit la distance fixée par l'arrêt du Conseil du 20e octobre 1761, que les coupes assises dans le dit bois de *Maubecq* embrassent la vingt troisième jusques à la quatre vingtième inclusivement, temps qu'ils peuvent employer utilement s'ils sont en liberté et s'ils peuvent profiter des sucs nourriciers que les arbres vieux leur enlèvent.

Nous étant transportés de suite dans le bois apellé de *Manos*, assisté comme dessus, nous aurions vérifié à la vue du dit plan figuratif, qu'il est de contenance de six arpens cinquante perches et que les seisième, dix septième, dix huitième, dix neuvième coupes et partie de la vingtième y sont assises; et après l'avoir parcouru, assisté comme dessus, nous aurions observé qu'il est d'essence de chênes futaye de belle venue; que le nombre de trois chênes vieux dépérissans portent du préjudice par leur ombre à des jeunes arbres qui se trouvent trop près, lesquels nous aurions fait marquer du marteau de la Communauté à la racine comme ceux situés dans le bois Maubecq, sur les représentations des dits Sieurs Echevins Députés et Sindicq et de l'avis de M. le rocureur du Roy pour servir à telles fins que de raison : Que ce bois a été bien gouverné, n'y paraissant pas de dégradation.

Advenu le cinq du dit mois de juin, Nous, dit Commissaire, nous serions transporté avec M. le Procureur du Roy, notre greffier, les Sieurs Nouboly, Tembourré, échevins, Moulia, Audaux, Naudé et Moulia dit Bordenave, députés, dans le bois de *Lagoudiasse* et aurions vérifié à la vue du plan figuratif qu'il est de contenance de sept arpens douze perches et que les coupes onzième, douzième, treisième, quatorzième et partie de la quinzième y sont assises; et après l'avoir parcouru, assisté comme dessus, avons observé qu'il est situé sur un bas et peuplé en général de chênes futaye vieux et qu'il a été bien gouverné; et comme quelques arbres se trouvent sur le bord du ruisseau Lou *Geu* qui borde le dit bois dans la partie orientale, et que quelques autres tombent par vétusté et empêchent par les racines qu'on ne puisse peupler des petites clairières suivant les vues des dits Sieurs Echevins, Députés et Sindicq, Nous en aurions fait marquer huit sur leurs représentations et de l'avis de M. le Procureur du Roy, pour servir à telles fins que de raison.

Cela fait nous nous serions transportés assistés comme dessus, dans le bois apellé *Lanne du Garren*, situé sur un coteau et aurions vérifié, à la vue du dit plan, qu'il est de contenance de six arpens vingt sept perches et que les coupes première, deuxième, troisième, quatrième et cinquième y sont assises; après avoir parcouru, assisté comme dessus, Nous aurions observé qu'il est d'essence de chênes futaye, qu'il y a été fait des coupes non à tire et aire, mais en jardinant, de manière qu'on y a laissé des arbres d'une certaine grosseur, qui quoy que jeunes, nuisent par leurs racines, branches et couronnes, aux plants qu'on a fait depuis les coupes, afin de les repeupler.

Nous étant transporté, assisté comme dessus dans le bois apellé *Barros*, nous aurions vérifié à la vue du dit plan figuratif, qu'il est de contenance de six arpens quarante trois perches et qu'il contient les sixieme, septième, huitième, neuvième et partie de la dixième; et après l'avoir parcouru, assisté comme dessus, nous avons observé qu'il est situé sur un coteau et garni de chênes futaye, qu'il y a été coupé dans une partie des arbres en jardinant, même la présente année, que ceux qui ont été laissés nuisent aux jeunes plants qui y ont été mis pour le repeuplement, qu'il paroit que, tant dans ce bois que dans celuy de *Lalanne deu Garren*, on n'a pas suivi en entier l'ordre des coupes, ni de la plantation, que les chênes plantés pour le repeuplement ont été mis les uns trop près et les autres trop loin, qu'ils sont en général de mauvaise qualité étant minces, vieux étêtés, battus par les bestiaux, n'étant pas armés d'épines ni chaussés au pied, ce qui fait que la plus grande partie ne donnent aucune espérance. Sur quoy les Sieurs Echevins, Députés et Sindicq nous auroient représenté que, la pépinière n'ayant pas réussi, les habitans fournissoient les arbres qu'ils étoient tenus de planter, ce qui faisait que souvent on en employoit de mauvaise qualité, et qu'on ne prenoit pas le soin nécessaire pour le succès; Et ayant voulu reconnoître les bornes des deux coupes exploitées les deux dernières années, nous n'en aurions pu trouver que deux. Sur quoy les Sieurs Echevins, Députés et Sindicq nous auroient représenté qu'ils n'avoient pu faire l'assiette régulièrement, n'ayant aucune ordonnance de police et ignorant les Règlements étant des rustiques, qu'ils avoient fait faire les coupes à l'œuilh et dans la bonne foy, que partie des bornes ne paraissent pas, l'arpenteur ne s'étant servy que de petits cailloux.

Cella fait, nous nous serions transportés, assisté comme dessus, dans le canton apellé lou *Lascq*, où est seituée la pépinière, et avons reconnu, à la vue du plan qu'elle est de contenance de quatre arpens, et l'ayant parcourue, assisté comme dessus, nous avons observé qu'elle est assise sur le revers d'un coteau, entourée d'un fossé qui est en mauvais état, que le terrein est secq, mais d'un grain très propre pour la bonne qualité des plantes, que loin de la changer il convient de la laisser dans cette partie, d'autant plus qu'elle n'est masquée par des arbres, que les vents y flottent pour rendre les arbres vigoureux et propres au repeuplement des bois qui sont sur un terrein plus gras et plus humide, que le défaut du succès de la pépinière ne vient point de son exposition, ni de la nature du terrein, mais uniquement du défaut de soin et d'intelligence; qu'elle n'est dans l'état actuel qu'un touya épais dont les racines de la tuye pénètrent et empêchent le développement du germe des glands qu'on y a jetté, qu'il convient de défricher le terrein et d'y faire brûler les racines de la tuye, fougère et autres plantes voraces pour l'ensemencer ensuite en glands; que le seul inconvénient est l'éloignement où elle est des bois, qui se trouvent même très éloignés les uns des autres; mais les Sieurs Echevins, Députés et Sindicq ne nous auroient pas indiqué un terrein plus propre pour remplir l'objet d'utilité, ni plus à portée

Cela fait nous nous serions transporté, assisté comme dessus, dans le bois apellé lou *Gen* lequel n'a pas été compris dans l'aménagement précédent, les Sieurs Echevins, Députés et Sindicq nous ayant indiqué ce canton en remplacement de celuy *Lartigau* dont nous avons parlé: attendu qu'il est peuplé de jeunes chênes et d'une plus grande contenance, nous l'aurions parcouru, assisté comme dessus, et observé qu'il est assis sur la plaine et qu'il confronte avec le bois du Sieur *Cassou* et vacants de la Communauté d'un côté, avec terres de *Laborde* et de *Claverie* de l'autre, que le terrein est gras recevant la lessive d'un coteau, qu'il paroit être d'une plus grande contenance que le Canton *Lartigau*, qu'il est garni de Jeunes chênes de la plus belle espérance: et attendu qu'il paroit des lieux que les arbres ne peuvent réussir dans le canton Lartigau, parraport à la situation, et que ce terrein peut tourner d'un plus grand avantage pour la Communauté, étant mis en prairie. Nous, sur la représentation des Sieurs Echevins, Députés, Sindic et de l'avis de M. le Procureur du Roy, Nous Ordonnons que le dit Canton *Lartigau* qui se trouve à la droite du ruisseau la *Lèze* sera extrait de l'aménagement et que le Canton apellé *Lou Geu* sera arpanté et borné par le Sieur *St Guily*, arpanteur de la Maîtrise, pour servir de remplacement, pour ensuite former partie des coupes comprises dans le canton Lartigau et dans le même ordre même dans une plus grande contenance. Ordonnons en outre que par le dit Sieur St Guily, arpanteur, la revision générale des bornes des dits bois sera faite, comme aussi le remplacement de celles qui manquent et qui sont trop petites, lequel arpanteur copiera le plan figuratif avec le changement et augmentation cy dessus prescrit et dressera procès-verbal du tout pour nous être raporté, pour à la vue d'iceluy, du plan, et de notre présent procès-verbal, être ordonné ce qu'il appartiendra. De quoy et du tout notre dit présent procès-verbal demure chargé, lequel nous avons rédigé dans la sus-dite Maison de *Larroze*, auberge publique de *Labourcade* le six du dit mois de juin mil sept cens soixante onze, n'ayant pu le faire hier, attendu que notre visite dura jusqu'à la fin du jour; et les dits Sieurs Echevins, Députés, Sindicq, garde forest ont signé avec nous ainsi que M. le Procureur du Roy et notre Greffier. Approuvant les deux mots (d'un côté) ajoutés au-dessus de la première ligne de la précédente page.

MOULIAA, dit BORDENAVE; LASBASSES, député; CAREAU, forêts; MOULIAA; CASSOU; D'AUDAUX, député; NAUDÉ; CANNET; NOMBOLI, échevin; TEMBOURÉ, échevin; PUYOU; LACLÈDE.

(Suit le Procès-verbal d'arpentage et de bornage par Saint-Guily, arpenteur, visé et approuvé par Laclède et Cannet.)

Nous, Jean de *Laclède*, Conseiller du Roy, Maître particulier des Eaux et Forêts en la Maîtrise de *Pau* et Commissaire député disant droit de notre procès-verbal et de l'avis et du consentement du Procureur du Roy, ordonnons ce qui suit :

Article premier.

Que les bois apellés *Maubecq*, *Lagoudiasse*, *Manos*, *Barros*, *Lanne deu Garren* et *lou Geu*, contenant ensemble cent dix arpens quarante quatre perches, ne formeront dès ce jour qu'un seul et même bois, quoyque séparés et distingués les uns des autres, sur le plan et dans notre procès-verbal.

Article 2.

Enjoignons aux Sieurs Maire, Echevins, Sindics et habitans de la Communauté de *Labourcade*, de commencer la présente année à faire exploiter les dits bois de contenance de cent dix arpens quarante quatre perches, destinés pour croître en futaye, à tire et à aire, et comme les dix premières coupes ont été exploitées en jardinant et que les gros rbres empêchent la croissance des jeunes chênes qui y ont été plantés, leur enjoignons d'exploiter la présente année les dits gros arbres assis dans les première, seconde, troisième, quatrième et cinquième coupes, et l'année suivante ceux des sixième, septième, huitième, neuvième et dixième coupes, ainsi qu'elles sont désignées et marquées sur le plan ; et de commencer la troisième année par la onzième coupe à tire et aire et de continuer de la même manière les autres coupes successivement d'année en année et de l'une à l'autre, jusques à leur entière révolution, en suivant toujours l'ordre marqué dans le plan ; et chacune desquelles coupes qui est d'un arpent trente huit perches un vingtième de perche à l'exeption des cinquante-septième, cinquante-huitième, cinquante-neuvième, soixantième, soixante-unième, soixante-deuxième, soixante-troisième, soixante-quatrième, soixante-cinquième et soixante-sixième, qui sont d'un arpent quarante perches trois dixièmes de perche chacune, sera faite chacunne année aussi près de terre que faire se pourra, sans aucune réserve de balivaux ; et après l'entière révolution des quatre-vingt coupes, elles recommenceront ensuite chaque année de la même manière qu'elles sont marquées sur le plan aussi à tire et à aire et aussi près de terre que faire se pourra sans aucunne réserve de balivaux.

Article 3.

Faisons inhibitions et deffenses de couper aucun des arbres, ni rien entreprendre au delà des coupes ordinaires et réglées et d'en intervertir l'ordre. Si non en vertu d'un arrêt du Conseil et lettres patentes duement vérifiées; et pour ce qui concerne les cent soixante deux arbres rabougris, deshonnorés, vieux et dépérissans que nous aurions choisis et marqués, comme nuisibles aux dits bois, et pour les arbres assis dans le quartier apellé *Lartigau* que nous avons extrait du bois de *Maubecq* et remplacé par celuy apellé *lou Gen*, renvoyons les Sieurs Maire, Echevins, Sindics et habitants à se pourvoir conformément aux Règlements pour obtenir la permission de couper les dits arbres.

Article 4e.

Pourront les Sieurs Maire, Echevins, Sindics, faire desraciner au profit des habitans et Communauté les souches de chaque coupe du dit bois à mesure que l'exploitation et vuidange s'en fairont, à la charge toutes fois de faire combler de suite de terre les trous et creux.

Article 5e.

Sera annuellement et avant le quinze mars de l'année qui suivra l'exploitation procédé à la diligence des Sieurs Maire et Echevins, à peine d'en répondre en leur propre et privé nom, au rétablissement des coupes par des jeunes arbres de bonne espérance et de l'âge de huit ans au plus, lesquels seront plantés à quinze pieds de distance, les uns des autres et armés d'épines, et seront les Sieurs Maire et Echevins tenus de dresser procès-verbal de la dite plantation pour être par eux envoyé avant le quinze avril de chaque année au greffe de la dite Maîtrise à peine de cinquante livres d'amende contre les dits Sieurs Maire et Echevins, sans aucune répétition sur la Communauté.

Article 6e.

Lors du rétablissement des dites coupes, les dits Sieurs Maire et Echevins seront tenus de faire remplacer les arbres qui auront péry dans les coupes précédentes et de faire mention dans le procès-verbal de la plantation de la coupe de l'année, et s'il n'y avoit pas lieu au dit remplacement, ils seront également tenus de l'exprimer

Lahourcade

Mourn

chemin

de
rièm
e

perches. Le bois de Manos
de Barros six arpens
dou Garren six arpens
deux arpens trente perches
re quatre arpents. Les
visées il s'est trouvé que
trente huit perches 1/20 de
7. 58. 59. 60. 61. 62. 63
Contenance de un
chacune en foy
bal à Pau le jour

rolle

Plan des bois de Lahourcade

A	Bois de Maubec de contenance ey ...	81 arp. 82 p.
B	Bois de Lagoudiatte contenant ey ...	7. 12 p.
C	Bois de Manus cont. ey	6. 50 p.
D	Bois de Bouros cont. ey	6. 43 p.
E	Bois Lanne dou Guerou contenant ey ...	6. 28 p.
F	Bois Lou Gez cont. ey	2. 30 p.
G	pépinière cont. quatre arpens	total 110 ey 44 p.

tous esquels bois montent au bloc cent dix arpens quarante quatre perches arpent Royal.

L'an mil sept cent soixante onze et le [illegible] octobre Je [illegible] St Guily Géomètre arpenteur des Eaux et forêts commis par ordonnance de M. de Lacloise [illegible] du [illegible] Declare, avoir fait le remplacement et révision des bornes des Bois appartenants à la Communauté Lahourcade, les changements prescrits par les dits [illegible] commissaires, suivant les [illegible] faits par le S. Fachon le mois de juin 1762 Lesquels Bois sont de contenance de cent quarante arpens quarante quatre perches. Scavoir le bois de Maubec de quatre vingt un arpent quatre vingt deux perches Le bois Lagoudiatte sept arpens douze perches. Le bois de Manus six arpens cinquante perches. Le bois de Bouros six arpens quarante trois perches. Le bois Lanne dou Guerou six arpens vingt huit perches. Le Bois Lou Gez deux arpens trente perches Et le quartier [illegible] servant de pépinière quatre arpents. Les coupes ordinaires des d. bois ayant été divisées il s'est trouvé que la coupe [illegible] est de un arpent trente huit perches 1/20 de perche chacune, à l'exception des 57. 58. 59. 60. 61. 62. 63. 64. 65 et 66e coupes lesquelles sont de contenance de un arpent quarante perches 3/6 de perche chacune en foy de quoy j'ai dressé le présent Procès-Verbal à Pau le jour an que dessus.

Signé = St Guily

dans le dit procès-verbal, le tout sous les peines portées par l'article précédent.

Article 7e.

Les clairières ou places vagues qui se trouvent dans les dits bois seront repeuplées dans quatre ans par des jeunes arbres pour être exploitées de la même manière que le surplus des dits bois dans l'ordre ci-dessus prescrit, à peine d'amende arbitraire contre les Sieurs Maire et Echevins.

Article 8e.

Deffendons aux Sieurs Maire, Echevins et habitans d'étêter, éhouper et ébrancher sous quelque prétexte que ce soit, les jeunes arbres, avant ny après la plantation, le tout à peine de cent livres d'amende contr'eux.

Article 9e.

Enjoignons aux Maire et Echevins de faire réparer les fossés du canton *lou las,* de contenance de quatre arpens destiné à une pépinière et de les entretenir de manière qu'ils ayent toujours quatre pieds de largeur et cinq de profondeur; seront tenus les dits Sieurs Maire et Echevins de faire deffricher sans retardement le dit terrein, et de le faire semer de glands, faînes ou autres espèces, annuellement ou tous les deux ans, pour y élever les arbres nécessaires au remplacement de ceux qui auront été exploités dans les coupes, sans que, sous quelque cause et prétexte que ce soit, on puisse planter dans les coupes à rétablir des arbres de l'âge au dessus de huit ans, le tout à peine d'amende arbitraire et de domages intérêts contre les Sieurs Maire et Echevins.

Article 10e.

Seront tenus les dits Sieurs Maire et Echevins et habitans de faire élargir et curer incessament le lit des ruisseaux, les canaux et fossés par où l'eau se répand dans plusieurs cantons des dits bois, comme aussi de faire dessécher les parties acquatiques qui s'y trouvent par le défaut de fossés et canaux pour l'enlèvement des eaux.

Article 11e.

Enjoignons aux Sieurs Maire et Echevins de faire avant le premier septembre de chaque année, en présence du sindicq et de deux députés de la dite parroisse de *Labourcade*, l'assiette de la coupe ordinaire, et de faire marquer du marteau de la Communauté les arbres de lizière des parois et pieds corniers par tel arpanteur qu'ils trouveront plus comode, lequel dressera le plan et figure de la pièce qu'il aura assise et du tout faire mention dans son procès-verbal qu'il remettra, huitaine après, aux Sieurs Maire et Echevins avec le plan et figure.

Article 12ᵉ.

Leur enjoignnos ainsi qu'aux habitans de faire faire par gens choisis, entendus et capables de répondre de la mauvaise exploitation, les coupes, depuis le 15ᵉ septembre jusques au 15ᵉ avril, aux fins que les vidanges puissent être faites jusques au premier juin de chaque année.

Article 13ᵉ.

Le temps des vuidanges désigné étant expiré, s'il se trouve dans les bois des arbres abattus et gisants, ils seront confisqués et incessament transportés hors des dits bois; les récolements des dites coupes se fairont pour le plus tard un mois après le temps des vuidanges expiré par les Sieurs Maire, Echevins, Sindics et députés, en présence de l'arpanteur Juré de la Maîtrise et gardes, pour visiter exactement les coupes de bout en bout en toutes leurs parties, les pieds corniers, parois et lizières, afin de connoitre si elles ont été bien coupées, uzées, vuidées et nettoyées, en dresser procès-verbal et le remettre au siège de la dite Maîtrise, jusques au premier juillet de chaque année.

Article 14ᵉ.

Ordonnons que les coupes étant faites elles seront distribuées suivant la coutume, avec inhibition et deffenses aux dits Sieurs Maire, Echevins, Sindics et habitants, de vendre les coupes ordinaires, sous quelque prétexte que ce soit sans que préalablement les habitans ayent délibéré et se soient pourvus pour en obtenir la permission pour le plus grand avantage de la Communauté conformément à l'article douze, titre 25ᵉ, de l'ordonnance du mois d'aoust 1669.

Article 15ᵉ.

Faisons deffenses à toutes sortes de personnes sans distinction de couper, éhouper, ébrancher et deshonorer aucuns arbres, à peine de payer les mêmes amandes que s'ils les avoient abattus par les pieds, de couper, arracher et emporter arbres, branches, feuillages pour noces, festes, confréries et autrement, à peine d'être punis des mêmes peines et ainsi qu'elles le seroient en autre délit.

Article 16e.

Faisons deffenses aux habitans de *Labourcade* et à tous autres d'introduire dans aucun temps aucuns bestiaux dans la pépinière, comme aussi de mener ou envoyer en aucun temps chèvres ni annes dans les dits bois destinés à croître en futaye et divisés en quatre vingts coupes, à peine de confiscation des dits chèvres et annes et de trois livres d'amande pour chaque bête.

Article 17e.

Deffendons aux dits habitans de laisser vaguer les bestiaux dans les bois et Landes Communes sans gardes, à peine de dix livres d'amande; Ordonnons que les pastres et gardes seront choisis et nommés annuellement à la diligence du sindicq de la dite parroisse par les habitans assemblés en présence des Sieurs Maire et Echevins.

Article 18e.

Enjoignons aux habitans de metre au col de leurs bestiaux des clochettes dont le son puisse avertir des lieux où ils pouront s'échaper et faire dégâts, afin que les pastres y courent et que les gardes se saisissent des bêtes prohibées et de celles trouvées en domage hors des cantons désignés.

Article 19e.

Leur faisons inhibitions et deffenses de prêter leurs noms et maisons aux marchands et habitans des villles et parroisses étrangères et voisines pour y retirer leurs bestiaux et porcs, et s'il s'en trouvoit qui fussent ainsi retirés ou donnés fraudule[illegible]ment pour profiter des paccages et panages des dits bois, ils seront confisqués et les habitans condamnés pour la première fois en l'amande de cinquante livres et en cas de récidive en une plus forte peine

Article 20e.

Faisons inhibitions et deffenses à toute sorte de personnes d'enlever et transporter aucunes bornes posées dans les dits bois et désignées dans le plan et procès-verbal d'arpantage, d'arracher, charmer, brûler aucuns plans de chênes, hêtres ou autres bois, ni d'en enlever l'écorce et peler les bois des ventes ou coupes étant debout, d'abbattre la glandée, faînes et autres fruits des arbres des dits bois, sous aucun prétexte, ni même les amasser et emporter jusques à ce que les Sieurs Maire et Echevins auront arrêté et fixé le jour, de faire des crux avec la hache ny autrement sur la tige des arbres pour monter sur les branches et sur la cime, de porter et allumer du feu dans les bois et landes, d'enlever dans l'étendue et aux reins des bois, sables, terres, marne ou argile, ni de faire faire de la chaux à cent perches d'iceux, de faire faire cendres dans le bois sans la permission expresse de Sa Majesté; seront les fosses à charbon placées aux endroits les plus vuides et les plus éloignés des arbres.

Article 21e.

Enjoignons aux Sieurs Maire et Echevins de visitter avant le premier octobre de chaque année les glandées en présence des gardes pour voir le nombre des porcs qui pourront être mis en pannage sans incomoder les bois et dresseront procès-verbal du nombre.

Article 22e.

La glandée ne sera ouverte que depuis le 1er octobre et ne pourront les habitans dans le cas qu'il y en aît, y mettre leurs porcqs en plus grand nombre que celuy compris dans l'état qui sera dressé par les Sieurs Maire et Echevins et après les avoir fait marquer au feu de la marque qui sera déposée dans la Maison Commune et qu'ils n'ayent un clou placé à travers le groin pour les empêcher de fouger et de renverser la racine de l'herbe sens dessus dessous.

Article 23e.

Enjoignons aux Sieurs Maire, Echevins, Sindics et habitans de nommer annuellement à leurs frais les gardes nécessaires pour la Conservation de leurs bois et de les faire recevoir au Siège de la dite Maîtrise et faute de ce faire il y sera pourvu par M. le Grand Maître qui dans ce cas décernera des exécutoires pour le payement des salaires des dits Gardes contre les Sieurs Maire et Echevins, sauf leur recours contre la Communauté.

Article 24e.

Enjoignons aux Gardes de dresser procès-verbal de tous les délits, abus et malversations qui se commettront dans les dits bois soit qu'ils trouvent les délinquants, soit qu'ils ne les trouvent pas, de faire généralement toutes saisies portées par leurs ordonnances et règlemens, d'emprisonner les personnes qu'ils trouveront de nuit dans les bois hors les routes et grands chemins avec serpes, haches, scies ou coignées, de saisir même de nuit et de jour les cheveaux, ânes, bœufs, charrettes chargées de bois qu'ils trouveront sur les routes, chemins de traverse et autres lieux circonvoisins des bois, dans le cas toutes fois que les voituriers, bouviers et autres ne leur déclarassent les endroits où ils auront coupé ou acheté le dit bois et qu'ils ne veuillent se transporter sur les lieux avec les Gardes pour en faire la vérification.

Article 25e.

Pourront les Gardes en présence des Officiers de la dite Maîtrise ou des Sieurs Maire et Echevins faire la visite dans les maisons pour la recherche des bois coupés en délit; lesquels gardes seront tenus de faire le raport de tous les procès-verbaux au siège de ladite Maîtrise et de se conformer dans l'exercice de leurs fonctions à tout ce qui est prescrit par les Ordonnances et Règlemens du Conseil sous les peines y portées : Ordonnons que les procès-verbaux des gardes remis au greffe seront poursuivis à la requête du sindicq et habitans de la dite Communauté de Lahourcade, le Procureur du Roy joint, faute de quoy les habitans seront réputés fauteurs des délits, abus et malversations constatées par les procès-verbaux et comme tels condamnés aux peines et amandes portées par l'Ordonnance de 1669, au payement desquels quatre des principaux habitans seront solidairement contraints, sauf leur recours contre les contribuables qui seront contraints aussi par les mêmes voyes conformément aux Règlemens du Conseil.

Article 26e.

Seront les dits Gardes, attendu leur éloignement, tenus d'affirmer dans deux jours au plus tard après les délits commis, leurs raports et procès-verbaux par devant les Sieurs Maire et Echevins, et en cas de suspition des dits Sieurs Maire et Echevins pour leur intérêt personnel par devant les Maire, Echevins ou Jurats des lieux les plus voisins, qui seront tenus de recevoir la dite affirmation à la première réquisition sans frais et d'en faire mention tant sur les dits procès-verbaux que sur les registres des dits gardes; Et dans le cas que les dits Sieurs Maire, Echevins ou Jurats refusâssent de recevoir la dite affirmation sans cause, Enjoignons aux dits

Gardes de dresser procès-verbal tant de leur présentation que du refus et de le remettre au Greffe de la dite Maîtrise dans huitaine au plus tard, à peine d'être condamnés en l'amende restitution et aux intérêts comme le seroient les delinquants.

Article 27e.

Les dits Gardes seront tenus d'envoyer cachettés, dans huitaine, les procès-verbaux ainsi affirmés au greffe de la dite Maîtrise après avoir fait mention sur leurs registres des jours, mois et an qu'ils les envoyeront, des noms et domiciles des personnes qui s'en seront chargées; Enjoignons au greffier de la dite Maîtrise de les enregistrer le même jour qu'il les aura reçus.

Article 28e.

Permettrons aux Sieurs Maire, Echevins et habitans de faire imprimer, si bon leur semble, notre procès-verbal et présente ordonnance afin que personne n'en prétende cause d'ignorance.

Article 29e.

Ordonnons que notre procès-verbal, celuy d'arpantage et bornage, plan figuratif, ensemble notre présente ordonnance, seront déposées au greffe de la Maîtrise dont copie du tout en collationné sera délivrée aux dits Sieurs Maire et Echevins, lesquels seront tenus de le faire enregistrer dans huitaine sur les registres de la dite Communauté de *Labourcade* et d'en délivrer copie aux Gardes forests afin de s'y conformer sous les peines portées par l'ordonnance des Eaux et forests du mois d'aoust 1669, arrêt du Conseil des 27 mars 1764 et 7e novembre 1769, et autres règlemens rendus sur la matière dont nous ordonnons au surplus l'exécution. A Pau, dans notre hôtel, le quatorze octobre mil sept cent soixante onze.

Laclède. — Cannet.

L'an mil sept cens soixante douze et le dix neuf mars je, Pierre *Pédebiben*, premier jurat de Lahourcade déclare avoir retiré des mains du Sieur *Puyou*, greffier de la Maîtrise des Eaux et forêts, un collationné de la présente procédure d'aménagement et un double signé de M. le Maître Particulier de M. le Procureur du Roy et du Sieur *St Guily* du plan des bois de la dite Communauté, pour remettre le tout aux archives de la mesme Communauté et la faire exécuter, ayant aussi retiré l'arrêt du Conseil du 2e octobre 1761 et requettes jointes.

Pédebiben, jurat.

TABLE DES MATIÈRES

PLANS HORS TEXTE

Tarbes. — Imprimerie LESBORDES, 8, rue Péré.

www.ingramcontent.com/pod-product-compliance
Ingram Content Group UK Ltd.
Pitfield, Milton Keynes, MK11 3LW, UK
UKHW021144260726
13994UKWH00001B/297

9 782329 356662